180,-   özv

B108

SV

Hermann Broch
Psychische Selbstbiographie

Herausgegeben
von Paul Michael Lützeler

Suhrkamp Verlag

Inhalt

Psychische Selbstbiographie

Mein Leben ist von ständigen moralischen Konflikten begleitet und belastet. Ein schlichtes, menschliches Glücksgefühl ist mir beinahe unbekannt, und ist mir einmal ein Ansatz hiezu beschieden, so wird er unweigerlich aus irgendwelchen moralischen Gründen zerstört. Ich verzichte gewissermaßen leichter auf das Angenehme als auf das Unangenehme in meinem Leben.

Gewiß, die Arbeit ist für mich etwas Positives, sie ist mir also einigermaßen »angenehm«; aber nicht nur, daß dieses Positivum in der Form schwerster und bitterster Fron und Versklavung vor sich geht, es ist bloß unter bestimmten, erschwerenden Bedingungen gestattet: einesteils übersteigt die Größe der Aufgaben, die ich mir stelle, weitaus meine Kräfte, und andernteils bin ich auch in der Wahl dieser Aufgaben nicht frei, d. h. sie werden mir von einer übergeordneten Instanz als Pflicht – Familienpflicht, Menschheitspflicht oder sonst eine – aufgebürdet: bloß unter dem Schutze und dem Befehl einer solchen übergeordneten Pflichtinstanz – mag ich sie mir auch oftmals selber setzen – und als deren »objektiver Sachwalter« ist mir meine eigene produktive Arbeit erlaubt (und ebendeswegen ist ein großer Teil der Arbeit selber auf die Suche nach dieser objektiven Instanz abgestellt, m.a.W. ist philosophisch und befindet sich auf der Wahrheitssuche).

Bloß als »objektiver Sachwalter«, niemals in eigener Sache vermag ich mich durchzusetzen; wo ich nicht eine – womöglich wissenschaftliche, ja, mathematisch gesicherte – starke Überzeugung zu vertreten habe, bin ich Menschen gegenüber völlig »hilflos«, und der Verkehr mit ihnen ist mir eine beinahe physische Qual.

Es ist das Bild eines fürchterlichen Inferioritätsgefühls. Daß dieses aus einer Niederlage in der Frühkindheit, u.z. ebensowohl gegenüber dem Vater wie dem Bruder hinsichtlich der mütterlichen Liebe entstanden ist, darf unerörtert bleiben.[1] Soweit ich mich zurückerinnern kann, habe ich mich gegenüber diesen beiden Männern als Un-Mann, als »impotent« betrachtet. Daß ich im Grunde völlig impotent bin, auch im physischen Sinne, ist eine Vorstellung, die mich – allen Gegenbeweisen zutrotz – unausrottbar mein ganzes Leben begleitet hat.

Wie jedes Inferioritätsgefühl hat auch dieses zu Überkompensationen geführt, u. z. sozusagen sowohl in positiver wie in negativer Richtung, nämlich [zu]

a) Männlichkeitsbeweis durch stets neue Liebesbeziehungen und Beweis von Überpotenz,

b) Verschmähung dieser Art von Beweisen, die nichts beweisen, weil ja die ursprüngliche Niederlage dadurch nicht wettgemacht wird, also stets wieder Rückkehr zur Askese als der mir genehmen Lebensform,

c) hingegen Auswetzung der ursprünglichen Niederlage innerhalb der Familie durch die Übernahme der gesamten Familienverantwortung, u. a. insbesondere auf dem für die Familie so wichtigen kommerziellen Gebiet;

[1] Anmerkungen siehe Seite 175 ff.

d) Ausdehnung der Verantwortungshaltung, die nun nicht mehr allein der Familie, sondern nahezu hinsichtlich jeder meiner menschlichen Beziehungen gilt, letztlich aber auf eine allgemeine Menschheits- und Wahrheitsverantwortung ausgedehnt wurde und damit meine Kräfte, mögen sie auch manchmal produktiv sein, weitaus übersteigt.

Daß ich in all diesen Belangen, den positiven wie den negativen, mich nicht als »impotent« erwiesen habe, war mir eine stets erneute, ständige Überraschung, hat jedoch meine Impotenzvorstellung nicht ins Wanken gebracht.

Es versteht sich, daß dies besonders kraß in meinem Verkehr mit Menschen zum Ausdruck gelangt. Mein Verhalten zum Nebenmenschen ist [gekennzeichnet durch] Schüchternheit und Scheu, die ich bloß mit größter Mühe zu überwinden vermag. Daß ich trotzdem unmittelbaren Einfluß auf Menschen besitze, daß sie – offenbar weil sie meine Verantwortungsbereitschaft fühlen – oft und oft von mir geleitet werden wollen, daß ich damit sowohl für sie wie für mich selber immer wieder »Erfolg« im Leben gehabt habe, dies alles ist für mich nur immer wieder Überraschung, und die beinahe körperliche Qual, die ich im Verkehr mit dem Nebenmenschen erleide, hat sich seit meiner frühesten Jugend nicht geändert.

Meine Haltung gegenüber Frauen ist hiedurch geradezu eindeutig bestimmt: ich wähle nicht meine Partnerin, sondern werde von ihr gewählt. Denn

a) der Impotente darf nicht werben, da er ja das Risiko seiner etwaigen Impotenz nicht auf sich nehmen kann;

b) wird er hingegen gewählt, so fällt das Impotenzrisiko auf die Frau, ist also weniger beschämend;

c) wird er solcherart von einer Frau gewählt, so ist ihm, dem Un-Mann, dem Impotenten, eine Begnadung zuteil geworden, von der er stets aufs neue überrascht, ja, gerührt wird, selbst wenn er um den Automatismus der Sexualbeziehungen noch so genau oder gar zynisch Bescheid weiß;

d) er gerät also, obwohl er nicht selber gewählt hat, von vorneherein in ein gerührtes Dankbarkeits- und Verpflichtungsverhältnis, das weit weniger von erotischen als von moralischen Bindungen – mögen auch diese manche erotisch-masochistischen Züge tragen – bestimmt wird.

Tatsächlich wurde für mich diese gerührte Dankbarkeit und dankbare Rührung zu einem dominierenden Moment in meinem Verhältnis zu den Frauen, die mich zu meiner Überraschung gewählt haben, und tatsächlich ist daraus etwas wie eine moralische Pflicht entstanden, nämlich die groteske Pflicht, nicht nur – zumindest theoretisch und prinzipiell – jeder willigen Frau zuwillen [zu] sein, sondern auch sich ihr sozusagen auf Lebenszeit zu verschreiben.

Ich habe mir damit eine weibliche Rolle zurechtgelegt. Im allgemeinen sind es Frauen, die sich wählen lassen, doch bei aller Passivität ist auch darin ein aktives Element vorhanden, u. z. ein besonders weibliches, nämlich das der passiven Werbung. Es ist beiläufig die Haltung des jungen Mädchens aus bürgerlichem Haus, die mit diffuser Erotik den Freier erwartet, um ihm sodann ein ganzes Leben lang pflichterfüllt treu zu sein. Kein

Zweifel, daß aus solchen Analogien mit der weiblichen Rolle immer wieder der Eindruck der »Schwäche« und der Feigheit entsteht, umsomehr als ja die Rolle von vorneherein in den Dienst der Impotenzvorstellung gestellt ist.

Daß die Rolle daneben einen betont männlichen Einschlag hat, ändert nichts an dem geschilderten Sachverhalt. Denn es ist keine natürliche Männlichkeit, sondern eben die der Überkompensation und der hypertrophierten Sublimierung. Meine Flucht vor der Niederlage hat mich von der natürlichen Liebesbeziehung weggeführt und mich in das Gebiet der Überleistung gebracht. Nicht erfolgs-, wohl aber leistungssüchtig, bin ich kaum mehr imstande, die Fülle der Verantwortungs- und Arbeitslast, die ich mir im Laufe der Jahre aufgebürdet habe, weiterzuschleppen, und so bin ich seit jeher in der Lage des Leistungsmenschen gewesen, der im Drange seiner Geschäfte und Geschäftigkeiten keinen andern Ausweg mehr hat, als seine immerhin vorhandene Sinnlichkeit zu Huren zu tragen. In dem für meine Kräfte offenbar zu großen Aufgabenkreis, den ich mir eingerichtet habe, ist für das sogenannte Leben kein Platz zu finden, und so haben sich bloß Zufallsbindungen ergeben können, mit denen die immerhin vorhandene Sinnlichkeit zu befriedigen war, und diese Bindungen waren dann eben jene, in denen ich gewählt worden bin, anstatt selber zu wählen. M.a.W., der Partner wird akzeptiert nicht um seiner selbst willen, sondern weil er mit seiner Liebesbereitschaft eben gerade vorhanden ist und zur Potenzbestätigung verwendbar gemacht werden kann. Doch wenn der Nebenmensch nicht mehr als solcher Zweck ist, sondern zum Mittel[2] herabgewürdigt wird, so rächt sich dies meistens; es entstehen ihm gegenüber Schuldgefühle, welche wiederum mit moralischen Verpflichtungen abgetragen werden müssen.

Hiezu gesellt sich – um den Vergleich noch ein Stück weiter zu treiben –, daß Frauen, welche sich dank ihrer diffusen Sexualität vom Nächstbesten wählen lassen, in einer Mehrzahl der Fälle frigid sind. Diese Frigidität hat früher in der Bürgerlichkeit zumeist zu keuschen Ehen geführt, führt aber ebensowohl zum Gegenteil, d. h. zu einer beinahe nymphomanischen Libertinage. Es ist dann das Gegenstück zum Impotenten, der mithilfe großen Frauenverbrauches eine trotzdem erreichbare Bestätigung seiner Potenz zu erlangen erhofft. Mag diese Analogie auch aus mancherlei Gründen bloß eine sehr lockere sein, sie stimmt insoferne, als jeder, der sich wählen läßt, anstatt selber zu wählen, von allem Anfang an eine kritische Haltung gegenüber dem Geschlechtspartner einnimmt; bei frigiden Frauen steigert sich diese Kritik bis zum Haß, umsomehr als ja hier das bei mir und für mich so überaus wichtige Dankbarkeitsmotiv überhaupt nicht in Betracht kommt.

Doch bei aller Dankbarkeit, es läßt sich für denjenigen, welcher nicht selber wählt, die anfängliche Kritik nicht zum Schweigen bringen, und ob nun objektiv oder bloß subjektiv begründet, ich habe gegen jede Frau, mit der ich in erotischen Beziehungen gestanden bin, eine Unmenge geheimer Vorbehalte gehabt. Eine natürliche geradlinige Bejahung war mir von allem Beginn an und immer versagt geblieben. Und diese Haltung, welche überall dort, wo ich gewählt worden bin, fast eine selbstverständliche ist, wurde automatisiert und hat sich auch [auf] jene leider seltenen Fälle ausgedehnt, in denen ich der Wählende gewesen bin. Meine erotische und sonstwelche Bejahung hat immer nur einigen wenigen Eigenschaften der betreffenden Person gegolten, und sie mußte daher übersteigert werden, damit sie überhaupt für die Gesamtrelation tragfähig werde, damit diese überhaupt funktionieren und aufrechterhalten werden kann.

Gleichgültig also, ob ich von einer Frau gewählt worden bin oder ob ich sie gewählt habe, meine Relation zu ihr ist sofort ein Gewissenskonflikt für mich, und es entsteht der Wunsch, diesen Konflikt nach womöglich objektiven und »gerechten« Gesichtspunkten zu schlichten. Ich bin also unausgesetzt bemüht, die verschiedenen Eigenschaften der betreffenden Person in ein tunlichst objektives Wertsystem einzuordnen. Es ist dies eine sicherlich nicht seltene Haltung, denn sie ist jene, welche im allgemeinen zu »Vernunftehen« führt. Zwar spielt das Geld in meinem Wertsystem eine sehr geringe Rolle, doch dafür werden eine ganze Reihe anderer »rationaler« Bedingungen aufgestellt, nicht zuletzt solche sozialer Natur, welche mir die Liebe also erlaubt und zulässig machen sollen; dies geht so weit, daß ich z. B. mich bloß mit einer großgewachsenen Frau öffentlich zeigen will, offenbar weil ich bei einer kleingewachsenen fürchte, es werde jedermann wissen, daß ich sie bloß für das Bettvergnügen gewählt habe. Es verlohnt sich nicht, auf die Ursprünge dieser merkwürdigen Wertungen einzugehen (– daß sie andererseits den Weg zu einer produktiven Sublimierung in meiner Philosophie genommen haben, ist einsichtig –), es sei bloß erwähnt und festgehalten, daß in dieser

Angst vor dem lediglich Subjektiven notwendigerweise die subjektive erotische Lust immer weiter ins Hintertreffen gerät und die Bindungen sich zu etwas entwikkeln, das fast gar nicht mehr im Erotischen verwurzelt ist. Das nämliche gilt z. B. auch für die negativen Eigenschaften: Ekelgefühle spielen bei mir seit meiner Kindheit eine übergroße Rolle, eine so große, daß etwa schon eine Spur von Mundgeruch durchaus danach angetan ist, bei mir eine schier unauslöschliche Feindseligkeit zu erwecken; eine derartige triebhafte Ablehnung gestatte ich mir aber ebensowenig wie eine triebhafte Zuneigung, nicht nur, weil beides subjektiv ist, sondern noch mehr, weil es hiebei um Manki geht, die wie etwa Mundgeruch als Krankheit aufgefaßt werden können, und es daher unmoralisch wäre, einen Kranken, der prinzipiell erst recht Betreuung braucht, zu verlassen. Es entsteht hiedurch eine merkwürdige Intensivierung jeder erotisch schlecht funktionierenden Relation, da sie dann eben erst recht mit Moralitäts- und Treueverpflichtungen unterfüttert und gestützt wird. Und von hier aus führt sogar eine Linie unmittelbar ins Perverse: seit meiner Kindheit beschäftigt mich die Frage, warum bloß die junge und schöne Frau potenzerregend wirken soll, warum nicht die alte und häßliche, ja, warum nicht der alte Mann (Sokrates) das nämliche bewerkstelligen kann, insbesondere da ja seelische und geistige Qualität[en] weitaus »objektiver« und haltbarer als ästhetische Werte [sind], und wenn es bei mir auch niemals zur Homosexualität gediehen ist, so habe ich mich oft genug von älteren und häßlichen Frauen wählen lassen, besonders wenn es möglich war, in ihnen eine Sokrates-Seele oder sonstwelche geistigen

Qualitäten zu entdecken oder solche in ihnen zu entwickeln (– wofür ich alle Gaben besitze –), um damit das Seelische über das Körperliche und unmittelbar Erotische stellen zu können. Und schließlich hat jeder Mensch eine entwicklungsfähige Seele.

Am besten haben bei mir noch jene Relationen funktioniert, bei welchen es mir gelungen ist, mich von dem ganzen moralischen Wust fernzuhalten und mich aufs rein Erotische zu konzentrieren; es sind die Fälle eines natürlich zärtlichen Verhältnisses zur Frau, und die überspannten Forderungen, unter denen ich sonst leide, sind höchstens auf die einer seltsamen, dennoch an sich durchaus natürlichen Überpotenz beschränkt. Allerdings verlangt dies eine durchaus willensmäßige Einschränkung des Blickfeldes, eine willensmäßige Ausschaltung meines hypertrophischen Über-Ichs mit seinen moralischen Forderungen und seiner Verantwortungssüchtigkeit, und so muß ein Teil meines Seins – für mich unbefriedigend und mit uneingestandenen Schuldgefühlen [behaftet] – ungebunden bleiben, weil sonst eben wieder das ganze verheerende Moralitätsspiel einsetzt.

Für einen Impotenten sind also die Forderungen, welche ich an die Frau stelle, reichlich hoch gespannt. Von der »Dankbarkeit«, mit der ich mich wählen lasse, ist angesichts solcher Forderungen und solcher Intransigenz nur mehr wenig zu merken.

Kein Zweifel, in diesen Forderungen stecken beinahe wahnhafte Elemente, weil sie Zurechtbiegungen der Realität verlangen, die sich der Realität eben nicht abringen lassen, und von hier aus gesehen zeigt sich wiederum einmal, daß das Wahnhafte, weit öfter als gemeiniglich angenommen wird, in einer Hypertrophierung des Rationalen (und »Wert-Theologischen«) besteht, nämlich dann, wenn dieses auf die Realität und das »Leben« rückangewendet wird. Denn all die »Kritik«, mit der ich die Manki an meinem Partner feststelle und festhalte, gehen zum großen Teil von rationalen Forderungen des Über-Ichs aus.

Wahrscheinlich sind in den überspannten Forderungen, die an die Frau gestellt werden, sadistische Züge eingebaut, welche mein seelischer Haushalt braucht, um die masochistische Unterordnung wettzumachen, mit der ich die für mich negativen Eigenschaften akzeptiere; doch darauf braucht hier nicht eingegangen zu werden.

Die innere Legitimation zu diesen Forderungen wird an der eigenen »Leistung« gewonnen. Was immer das Ich an Überkompensationen zum Ausgleich des primären Impotenzerlebnisses und der Impotenzvorstellung aufbringt, rechnet es sich als »Leistung« an. Dazu gehören also nicht nur die realen Sublimierungsleistungen, die ich im Aufbau meines Charakters, in meiner Produktion, im äußeren Leben zustandegebracht habe, sondern ebensowohl auch der Wunsch nach Askese wie die moralische Versklavung an Partner, deren erotische Qualitäten mir nicht zusagen (wobei ja dies gleichfalls in den Askesewunsch einfließt).

Daraus ergibt sich auch die Struktur des Idealbildes, welches sich hinter diesen Forderungen erhebt: es ist keineswegs das der Mutter, wie man wohl eigentlich annehmen müßte (oder enthält nur sehr wenige Züge von ihr), sondern ist weit eher als Spiegel meiner selbst gedacht, als Spiegel meiner eigenen Leistungen, meiner eigenen Wünsche, meiner eigenen Weltansicht und ihrer Ziele. Es ließe sich höchstens sagen, daß ich auch meine Mutter gerne nach diesem Bilde geformt gehabt hätte.

Da ich aber kein Träumer bin, vielmehr alles in die Tat umzusetzen mich bestrebe, besonders wenn es sich um im Grunde unlösbare Aufgaben handelt oder zumindest um solche, welche meine Kräfte überschreiten, so werfe ich mich mit aller Leidenschaft in die Aufgabe, meine Partnerin zu diesem Idealbild umzuformen. Es steckt zweifelsohne eine ungeheuere Egozentrik darin, nicht aber eigentlich Narzißmus[3]; weit eher ließe sich von »*Amphitryonismus*«[4] sprechen, wenn man dieses Wort in das psychologische Arsenal einreihen wollte.

Diese seltsame, beinahe leidenschaftliche Wendung ist nicht zuletzt von meiner recht grauenhaften Eifersucht bestimmt. Das Kindheitserlebnis, das mich zum impotenten Un-Mann neben den beiden Männern, Vater und Bruder, gestempelt hat, ist offenbar von einer schier unerträglichen Eifersucht begleitet gewesen, und die Eifersuchtshaltung ist als ständiger Schmerz durch mein ganzes Leben hindurch geblieben. Daß es keine unikale Vereinigung gibt, daß eine Frau und ein Mann nicht von vorneherein durch göttlichen Ratschluß oder sonstwie objektiv schicksalsmäßig einander bestimmt sein können, daß es eine unpersönliche Sexualität gibt, dies war mir von Kindheit an eine unerträgliche Erfahrung: von Kindheit an habe ich Liebe bloß als absolute Zugehörigkeit, als absolutes Einandergehören, ja, wohl als Hörigkeit empfunden und erträumt und erwünscht, kurzum als absoluteste Monogamie, und die menschliche Realität, welche ein derartiges Aneinanderbinden von Ich zu Ich offenbar nicht zuläßt, war mir eine schier dämonische Furchtbarkeit, die durch meine eigene Polygamie (der kindlichen wie der späteren) nur noch verschärft worden ist. Damit stehe ich natürlich nicht allein; die Sexualmoralen der Menschheit sind zu einem großen Teil von ähnlichen Erwägungen beeinflußt, ebenso alle Tragik in der Kunst, die gesamte Traurigkeit allen Liebesausdruckes, und ebenso ist die gesamte Liebesmystik mitsamt ihren religiösen Ausprägungen von hier aus zu verstehen. Kein Wunder also, daß auch in meiner Vorstellungswelt sich eine Wendung zum mystischen Wunder vollzogen hat, zum »objektiven« Wunder, von dem in einem solch verzweifelten, absolut realitätswidrigen Fall noch Rettung zu erhoffen ist.

Diese Wendung zum Wunder ist die zur Idee der mystischen Wiedergeburt: doch da ich kein Mystiker bin (obwohl ich gerne auf mystische Zeichen von oben hoffe), sondern alles vom Gesichtspunkt der praktischen Aufgabe und Leistung betrachte, wurde mir auch diese Mystik zur praktisch moralischen Aufgabe. D. h. es wurde mir die Aufgabe zugeteilt, meine Partnerin und damit auch mich selber so tief umzugestalten, daß sie zum »neuen Menschen« wiedergeboren wird. Gelänge es, eine andere Seele so weit umzubauen, daß von ihren ursprünglichen Anlagen nichts übrig bleibt, daß sie durchaus nach jenem Wertsystem sich ausrichtet, das ich – schwer genug – für mich selber erworben habe, und in dem auch der Platz für die absolute Liebe sozusagen objektiv vorgesehen ist, dann müßte alles Unpersönliche erschweigen, dann wäre alles »Sündhafte« des Unpersönlichen ausgelöscht, und es könnte endlich der Durchbruch von Ich zu Ich wahrhaft stattfinden. Und je tiefer solcher Umwandlungsprozeß reicht (– also je »ungeeigneter« ursprünglich die Partner gewesen sind –), desto vollkommener wird das Resultat im Falle seiner Erreichung sein.

Nun ist ja tatsächlich jede Seele entwicklungs- und bis zu einem gewissen Grade umwandlungsfähig, besonders wenn man ihr ein solches Ziel, das ein allgemein menschliches ist, in Aussicht stellt. Außerdem habe ich – nicht zuletzt infolge meiner jahrelangen Selbsterziehung – gewisse erzieherische Gaben, und schließlich ist das Wertsystem, das ich mir gebildet habe, einigermaßen objektiv haltbar, ist also für das gedachte »Bekehrungswerk«, auf das es eben bei alldem ankommt, zweifelsohne weitgehend objektiv geeignet. Es ist mir also immer wieder gelungen, meinem Amphitryonismus zu frönen und das Bekehrungswerk nicht nur einzuleiten, sondern auch fortzuführen und zu stabilisieren. Bloß das endgültige Resultat ist noch immer ausgeblieben. Denn sonst wäre ich bereits glücklich verheiratet und hätte ein eifersuchtsfreies menschliches Leben.

Gewiß, ich habe niemals daran gezweifelt, daß dieser ganze mystische Prozeß undurchführbar ist und von allem Anfang an zum Scheitern verdammt sein muß. Doch für die innere seelische Buchhaltung gelten solche realitätsangepaßten Überlegungen so viel wie nichts: hier wird der Partner für das Scheitern voll verantwortlich gemacht. Und hiefür bietet nun auch wieder die Realität selber recht gute Handhaben, weil ja das Idealbild, nach welchem sich die Frau umformen soll, nach meiner eigenen Struktur aufgestellt ist und diese – ohne Überheblichkeit gesagt – den Anspruch erheben kann, recht kompliziert zu sein; es ergibt sich daher für mich subjektiv der Eindruck, es hätte noch keine Frau an mich »herangereicht«, als hätten alle meine Bemühungen scheitern müssen, weil noch keine einzige meiner Partnerinnen an mich herangereicht hätte, aber vom Objektiven aus gesehen hat dieser Eindruck eine gewisse Berechtigung. Nur etwas sei hiezu erwähnt: die phantasierte mystische Einheit und Vereinigung, diese absolute seelisch-geistig-körperliche Vereinigung müßte ein gegenseitiges »Schicksal-Übernehmen« einschließen, und darunter ist eben auch der gemeinsame Lebens-Sinn gedacht, der für mich nicht zuletzt in den Zielen meiner Arbeit eingeschlossen ist; ich verlange also nicht weniger als eine Teilnahme an diesen Zielen, oder richtiger an deren Unerreichbarkeit, eine Teilnahme an meiner ständigen Verzweiflung ob deren Unerreichbarkeit und an der Unzulänglichkeit des bisher Geleisteten, und dies ist etwas, das von keinem Menschen, am allerwenigsten von einer Frau verlangt werden kann.

Es hat also noch immer wieder das alte Spiel von neuem angefangen: ich war zutiefst enttäuscht, meine Eifersucht war nicht erschwiegen – nebenbei ein Motiv, das meine vorgestellte Impotenz sehr leicht in eine wirkliche verwandelt –, und es blieb nichts als die Überzeugung eines neuerlichen Fehlschlages oder eines neuerlichen Fehlgriffes. Damit aber war mir keineswegs die Erlaubnis zum Abbruch gegeben. Es gehört in meiner Arbeit zu meinen besten Eigenschaften, mich von Schwierigkeiten nicht abschrecken zu lassen, sondern mit unendlicher Zähigkeit geduldig auszuharren, und ebenso hat diese Fähigkeit zum zähen Durchwarten mir im praktischen Leben immer wieder genützt; in einer Liebesbeziehung ist ein solches Durchwarten zumeist aber ein Übel: ich habe fast zwanzig Jahre meines Lebens auf solche Weise mit einer Frau vertan.[5] Aber es ist nicht leicht, ein Schicksal, das man auf sich genommen hat, wieder abzuwerfen, und je größer eine Intimität geworden ist, desto schwerer ist [es, die Frau] zu verlassen. Dies ist nicht nur Sentimentalität; es [hat] weit mehr [mit dem] Anwachsen der Verpflichtungen und Verantwortungen [zu tun]; denn allgemeine Verantwortungen sind weit eher zu brechen als solche des Alltagslebens, das ja eben das eigentliche des Menschen ist, und hätte mein »Bekehrungswerk« nicht im Alltag und mit Alltagsfürsorge angesetzt, so hätte es niemals Wurzel greifen können. Und schließlich kommt das beinahe habgierige Bedauern um die Vergeblichkeit so viel Aufwandes hinzu; wer sich Tag für Tag um eine Sache bemüht hat, vermag nicht, sie so rasch aufzugeben, auch wenn ihm die Vergeblichkeit seiner Bemühungen schon längst klar geworden ist. Außerdem spielt da noch die Angst hinein, eine fast beklemmende Angst, durch eine Unterbrechung der Bemühungen letztlich auch die bereits erzielten Resultate wieder zu zerstören; gewiß, dies ist auch weitgehend von Eifersuchts- und Eitelkeitsmotiven diktiert, weil niemand sein getanes Werk wieder zerstört und diskreditiert sehen will, doch daneben fließt da auch wirkliche freundschaftliche Fürsorge für den andern Menschen [ein], den man nicht gerne in ein »minderes« Wertsystem zurückfallen sehen will. M.a.W. auf die bereits als vergeblich erkannten Investitionen werden weitere gehäuft, mit der dunklen Hoffnung auf ein Wunder, auf ein Liebeswunder, das die gemachten Investitionen doch noch zur Rentabilität bringen soll, und dies bedeutet eine Fortsetzung und ständige Erweiterung der moralischen Verpflichtungen und Verantwortungen, eine Fortsetzung der Versklavung, also auch eines Treuezwanges, obwohl kaum noch etwas da ist, dem die Treue zu gelten hat.

Noch auffallender wird dieser unselige Mechanismus in jenen Fällen, in welchen das »Bekehrungswerk« überhaupt nicht in Gang gebracht worden ist. Denn es gibt natürlich Frauen, die keineswegs gewillt sind, sich »umformen« zu lassen, sei es weil sie selber zu starke Persönlichkeiten sind, sei es weil aus anderen Gründen jegliche Verständigungsbasis fehlt. Hier steht man sozusagen schon mit dem ersten Beginn auch schon am Ende, und trotzdem läuft auch hier der ganze Fürsorge- und Versklavungsmechanismus ab, als wäre es eine glückliche Liebe, die zur letzten Lebenserfüllung gebracht werden soll.

Auch von hier aus gesehen, funktionieren für mich jene Relationen am klaglosesten, bei welchen ich mich von dem moralischen Überbau fernzuhalten verstehe. Denn dann ist es mir auch möglich, die Eifersuchtsüberschattung fernzuhalten, d. h. mich um das Vorleben meiner Partnerin nicht zu kümmern, so daß also nicht die Notwendigkeit ihrer »Umformung« eintritt. Dies ist jedoch keineswegs leicht erreichbar; es ist sozusagen [die] Schaffung einer »künstlichen Unbefangenheit«, einer »künstlichen Natürlichkeit«, die ich da zustandebringen muß, und dies ist umso schwieriger, weil es eine gegen meine ganze Wesenheit verstoßende Verengung meines Blick- und Gefühlsfeldes von mir fordert. Gerade wenn ich für eine Frau spontan Zärtlichkeit und Zuneigung empfinde, habe ich, wie es sich nur von selber versteht, auch das Bedürfnis nach menschlicher und intimer Entfaltung und Fürsorge. Und eben dies darf ich mir nicht gestatten, wenn ich nicht die ganze Versklavungs- und Eifersuchtshölle wieder entfesseln will. Ich ergreife also hiefür die unsinnigsten Schutzmaßnahmen, z. B., indem ich mir für solche Zärtlichkeit just Frauen aussuche, welche aus irgendwelchen Gründen, etwa nur weil sie »zu klein« sind, meinen dogmatischen Liebesbedingungen und ihrer angeblichen Objektivität von vorneherein nicht entsprechen. Weiters gehört wohl auch zu diesen Schutzmaßnahmen, daß ich meinen Verpflichtungs- und Hörigkeitskomplex, mit dem ich mich meinem jeweiligem Fürsorgeobjekt verschrieben habe, eben bis zur Absolutheit steigere, vielleicht wohl auch, weil nun überdies Schuldgefühle mobilisiert worden sind: ich habe z. B. meine Fürsorgebedürfnisse durch 15 Jahre auf eine (nebenbei [bemerkt], überaus hysterische Frau[6]) konzentriert gehabt, und als schon jede erotische Beziehung zu ihr gelöst gewesen war, blieb das innere Hörigkeitsverhältnis noch für etwa 5 oder 6 Jahre bestehen und hat auf jede weitere neue erotische oder zärtliche Verbindung als schweres Hemmnis gedrückt. Kurzum, ich lasse überall dort, wo natürliche und erotische und zärtliche Zuneigung besteht, geradezu absichtlich »das Menschliche« verkümmern, freilich auch, um mich damit vor meinen qualvollen Eifersuchtsexzessen zu retten. Dies ist eine Haltung, die man sonst, freilich in etwas fröhlicherer Form, zu einer »Nebenfrau« einnimmt, auch wenn die »Hauptfrau« –

und dies wünsche ich offenbar – gar nicht existiert oder in unerreichbarer Ferne sich befindet. Doch mag die Eindämmung der überspannten Forderung sowie der Eifersucht, insbesondere in ihrer verzweifeltsten, retrospektiven Form, durchaus heilsam sein, die sonstige Eindämmung des »Menschlichen« führt zu einem vollkommen unhaltbaren Zustand; weder bin ich imstande, meine eigenen Triebe derart zu zügeln und zu kanalisieren, noch kann dies eine halbwegs gesunde Frau auf die Dauer ertragen.

Ich versperre mir also auf jede mögliche Weise den Zugang zu irgend einer Lösung meines erotischen Problems, und hieraus folgt mit zwingender Notwendigkeit mein Bestreben nach Flucht vor jeder Frau und nach Wiederherstellung einer Askese, die ohnehin zu meinen Initialwünschen gehört. Dies wird mir ja auch durch die merkwürdige Form meiner Eifersucht erleichtert, da es sich eben fast niemals um Aktual-, sondern fast ausschließlich um Retrospektiveifersucht handelt. Zur Überwältigung dieser seltsam qualvollen Eifersucht soll die »Umformung« der Frau vorgenommen [werden], von dieser ständig treibenden Retrospektivität her wird der ganze verzweifelte, aussichtslose Kampf gegen die Realität geführt, doch wenn ich mich einmal entschlossen habe, meine Bemühungen aufzugeben, so lasse ich auch die Eifersucht fallen und habe nichts mehr dagegen, die Frau an einen andern Mann abzutreten; ich wünsche dann nur mehr, dies allerdings sehr intensiv, daß sie in der neuen Verbindung volle Befriedigung erfahre und wahrhaft »glücklich« werde, d. h. nicht wieder in eine unpersönliche Sexualität, wie ich sie eben über alles fürchte, versinke und hinabsinke.

M. a. W., es ist mir bisher noch niemals gelungen – und zumeist habe ich eben hiezu die geeigneten, oder richtiger ungeeigneten Partnerinnen gefunden –, mich mit allen Teilen meines Seins und Wesens zu binden; ich habe bei jeder Frau immer nur einzelne Stücke hievon zu placieren vermocht, bei der einen Zärtlichkeit und Potenz, bei der anderen Fürsorge und Formungswillen usw., wobei dies freilich bloß die gröbsten Unterscheidungen sind, in Wirklichkeit aber die mannigfaltigsten Verkreuzungen und Abschattungen stattfinden.

Daß hinter dieser Partialhingabe u. a. der Wunsch steckt, den Frauen – die ja zumeist nicht von mir gewählt worden sind, sondern mich gewählt haben – den Wiederabbruch der Beziehung zu erleichtern und schmackhaft zu machen, kann wohl keinem Zweifel unterliegen.

Indes, dies ist ein Wunsch, der bisher nur in den seltensten Fällen Erfüllung gefunden hat. Fast immer noch hat sich herausgestellt, daß mit der Partialhingabe das Auslangen zu finden ist; sehr viele Frauen merken gar nicht, daß es bloß eine Partialhingabe ist, und andere, die es merken, beklagen sich zwar (mit Recht, denn dahinter stehen eben doch meine Impotenzvorstellungen) über den Mangel an »Männlichkeit«, aber sie lassen es dabei bewenden oder installieren auf dieser Basis ein sadistisches Spiel mit mir, erfreut über die wachsende Versklavung, die sich daraus ergibt, wenn eben auch nur als Partialversklavung, als Partialhörigkeit, in der ich sozusagen rettungslos verfangen bin.

Fragt man nach den Gründen solchen Verhaltens, so läßt sich einerseits sagen, daß es eines ist, das einer

»wählenden Frau« von allem Anfang an gut liegt, und daß ich außerdem meinerseits auch schon die entsprechenden Frauen mir hiefür aussuche, andererseits aber, daß meine Partialhingabe, sei sie nun psychisch oder physisch, so sehr intensiv ist – da sie ja auf Leistung und Überleistung ausgerichtet ist –, daß sie beinahe notwendig auf das jeweilige Hingabeobjekt einen ziemlich nachhaltigen Einfluß ausüben muß. Was ich – neben allen Verabschiedungswünschen – wohl immer beabsichtige, nämlich durch Hingabe eine Gegenhingabe auszulösen, gelingt weit besser als die Absicht, mich von den Frauen verabschieden zu lassen, ja, ich sehe – zu meinem Schrecken wie zu meiner Rührung – immer wieder, daß sich unter meinen Händen echte Leidenschaftlichkeit entwickelt.

Es ist die ungeheure Macht der Hoffnung, die damit wieder einmal zutage tritt. Der Mensch lebt von der Hoffnung, und wenn auch nur die geringste Spur von Hoffnung in ihm erweckt wird, so klammert er sich mit aller Leidenschaftlichkeit daran, besonders wenn es die Hoffnung einer Liebeserfüllung ist. Und für diese Hoffnungsspur genügt meine Partialhingabe offenbar in weitaus genügendem Maße, denn diese mitsamt ihren verschiedenen hypertrophierten Erscheinungsformen wie Überpotenz, Überfürsorglichkeit, Überzärtlichkeit usw. ist selber von Hoffnung getragen, eben von der Hoffnung auf die große, absolut monogame und endgültige Liebeserfüllung; kein Wunder also, daß sich dies, auch wenn es nicht ausdrücklich ausgesprochen wird und keine ausdrücklichen »Versprechungen« gegeben worden sind, zwangsläufig auf die Partnerin überträgt.

Damit aber hebt meine Gewissensqual in verschärftem Grade neuerdings an. Denn gerade die Liebeszurückweisung, die ich durch meine Mutter erfahren habe und [die] mich schon in der Frühjugend zum impotenten Un-Mann gestempelt hat, war durchaus danach angetan gewesen, mich von allem Anfang an auf die Bahn der Hoffnung und des ständigen Hoffens zu weisen: hätte ich nicht damals auf eine »Wiedergutmachung«, d. h. auf eine dereinstige Liebeserfüllung gehofft, es hätte einer der seltenen Fälle von Kinderselbstmord eintreten müssen, und tatsächlich war meine ganze Kindheit durchaus von Selbstmordphantasien erfüllt gewesen. Meine Hoffnungsfähigkeit und geduldige Hoffnungskraft ist dadurch ins Ungemessene gewachsen – ich bin sozusagen zu einem Fachmann im Hoffen, zu einem Hoffnungsspezialisten geworden –, und dies erklärt eben auch den großen Einfluß, den diese Hoffnungshaltung auf andere ausübt, und die ich leider nicht abstellen kann. Doch eben weil hiedurch mein gesamtes Leben schlechthin mit Hoffnung identifiziert ist, stehe ich von Jugend an unter einem strikten unerschütterlichen Gebot: ich darf keine Hoffnungen zerstören, denn jede Zerstörung von Hoffnung ist schlechterdings mit Mord zu identifizieren, u. z. bezieht sich dies nicht nur auf mein Verhältnis zu Frauen, sondern zu jedem Menschen, der seine Hoffnungen auf mich setzt und mich zum Aufbau und zur Rettung seines Lebens oder Lebenssinnes zu brauchen erklärt.
Dies hat u. U. auch ganz gedeihliche Folgen, so z. B. die Rettung von mehr als ein Dutzend Menschen aus Europa[7], und ebenso hat mein ganzes philosophisches Arbeiten von dieser moralischen Haltung her ständige,

zweifelsohne gedeihliche Antriebe erfahren, doch im Verhältnis zu Frauen ist es eine Haltung, die bloß durch eine absolute Monogamie legitimiert ist: mag ich gegen eine Frau noch so viele Einwände haben, ich darf mich von ihr nicht abkehren, sobald sie ihre Hoffnungen auf mich gesetzt hat, und auf daß diese Hoffnungen nicht zerstört werden, fühle ich mich unausgesetzt gezwungen, immer weitere moralische Verpflichtungen ihr gegenüber auf mich zu nehmen. Dies ergibt schließlich eine Verlogenheit von geradezu vernichtendem und selbstvernichtendem Ausmaße.

Der Zustand wird umso unerträglicher als er in höchst unglücklicher Form mit meinem Eifersuchtskomplex verquickt ist. Zerstörung von Hoffnungen ist für mich mit Mord gleichgesetzt, aber ebenso ist die Erregung von Eifersucht für mich mit Mord schlechthin identisch. Denn Eifersucht gegen Vater und Bruder hat mich als Kind beinahe getötet, und was diese beiden damals an mir verbrochen haben, darf ich meinerseits an niemandem verbrechen, da ich eben sonst nicht »besser« als diese beiden Verbrecher wäre. Am allerwenigsten darf ich eine Frau in Eifersuchtsraserei versetzen (am allerwenigsten, weil da Rückprojektionen zur Mutter vorgenommen werden, wodurch gewissermaßen noch eine zweite Verbotsschichte entstanden ist). Die Eifersucht des Nebenmenschen und insbesondere jeder Frau aufs äußerste zu schonen, ist mir daher seit frühester Kindheit zur Zwangspflicht geworden, und es versteht sich, daß damit den Hoffnungen, die ich errege, noch weitere Nahrung zugeführt wird. Über die sonstigen Moventien, von denen diese fürchterliche Zwangshaltung gefördert wird, wie z. B. der einer Verheimlichung alles Sexuellen etc., braucht hier nicht gehandelt werden, es genügt die fürchterliche Geheimnistuerei festzuhalten, mit der ich mein gesamtes Tun und Lassen zu umgeben gezwungen bin, auf daß ich nirgends Hoffnungen zerstöre und vor allem keine Eifersucht errege. Und weil dies letztlich doch immer wieder Verlogenheit ist, so sehr ich mich bemühe, ohne Lüge durchzukommen, kann die daraus entstehende Gewissensqual wiederum bloß durch Übersteigerung der moralischen Leistung, durch Erweiterung der moralischen Verpflichtungen halbwegs besänftigt werden.

All dies fordert mich immer wieder zur Flucht auf, zur Flucht aus jeglicher menschlichen Relation. Die Flucht ist sozusagen der einzige erlaubte Ausweg, um dem Bündel einander widersprechender Verpflichtungen, in die ich mich verflochten fühle, zu entrinnen, sie ist der einzige Ausweg, der es mir erlaubt, den verschiedenen Hoffnungen nicht neue Nahrung zu geben, und insbesondere ist sie auch der Ausweg, der es mir erlaubt, Eifersucht radikal zu schonen: eine Frau zu verlassen, weil ich mich einer anderen zuwenden will, ist mir strikte verboten, ja, ich bin verpflichtet, doppelt zu einer ersten zu halten, wenn eine zweite am Horizont erscheint; bloß die Flucht in die Askese kann einen Bruch halbwegs möglich und erträglich machen. Ein einziges Mal habe ich – und auch dies bloß unter schärfstem Druck der Umstände – einen solchen Bruch um einer zweiten Frau willen durchgeführt, und ich habe dies mit einem ausgesprochenen Nervenzusammenbruch bezahlt, der meine Arbeitsfähigkeit auf Monate lahmgelegt hat.[8]

So sehr ich aber bei alldem die Eifersucht, ja, jede Eifersuchtsspur zu schonen bemüht bin, so sehr verlange ich von jeder Frau, daß sie meine sonstigen moralischen Verpflichtungen respektiere: tut sie dies nicht, so ist dies für mich innerlich ein Grund zum Bruch mit ihr; denn im Gebiet der moralischen Verpflichtungen fühle ich mich als Sachwalter jener übergeordneten Instanz, die ich stets suche, weil ich von ihr allein die »objektive« und ethische Legitimation für mein Handeln zu beziehen erhoffe. Wo ich mich zur Schonung verpflichtet fühle, dort hat auch jeder andere Schonung walten zu lassen; so wenig ich mich zum Egoismus in meinem Triebleben für berechtigt halte, so wenig ist der andere zu einem solchen Egoismus berechtigt. Und so sehr es mir verboten ist, Hoffnungen zu zerstören, so sehr widersetze ich mich Hoffnungen, welche sich nicht auf eine höhere ethische Instanz (oder die der nackten Lebenserhaltung) berufen können, sondern einfach Ausfluß von Egoismus sind, auch wenn sich dieser Liebe nennt: eine Frau, welche irgend einen andern, also in erster Linie mich, zu ihrem »Lebensinhalt« machen will, weil sie sich selber keinen andern schaffen kann, wird mir so widerlich, daß ich, ganz gegen meine sonstige Gewohnheit, glattwegs rücksichtslos zu werden vermag. Was ich also von der Frau fordere, ist eine äußerste Selbstzentrierung und Persönlichkeitsentfaltung in ihrem innern Sein, hingegen eine äußerste Loyalität nach außen, und dies ist auch das Ziel der »Umformung«, der ich die Geliebte, auf daß sie es werde, immer wieder zu unterwerfen trachte.

Dies sind Bedingungen, die bloß von sehr wenig[en] Frauen erfüllt werden können; eigentlich ist mir eine derartige »Umformung« nur ein einziges Mal – Jadzia[9] – halbwegs gelungen, und da wurde das Resultat wieder von anderen Umständen beeinträchtigt. Und so ist immer aufs neu die Situation eingetreten, daß ich mit dem Wissen um die Unmöglichkeit der Weiterführung einer Relation mich um die Weiterführung bemüht habe, gebunden an das doppelte Gebot der Schonung von Hoffnungen und der Schonung von Eifersucht, beides bloß noch eine Quelle von Verpflichtungen, sicherlich keine irgendeiner Lust: wenn andere Männer zur Geliebten sich hinstehlen, so schleiche ich mich zur Erfüllung moralischer Verpflichtungen, meistens weil ich eine Frau vor der Illoyalität einer anderen zu schützen habe.

Es kommt solcherart neuerlich jene Haltung von »Schwäche« und »Widerstandslosigkeit« zustande, die von allem Anfang an ein Attribut der Impotenz gewesen ist, obwohl es bloß eine imaginierte Impotenz gewesen ist. Und doch: so wenig man da von Impotenz sprechen kann, so wenig ist da der Ausdruck »Schwäche« wirklich am Platze. Die Unfähigkeit, fremdes Leid zu ertragen, ohne helfend eingreifen zu wollen, ist vielleicht eine Schwäche, zugleich aber auch eine Stärke; außerdem fühle ich mich oftmals für dieses Leid verantwortlich, mit vollem Recht verantwortlich, und nichts ist mir so verhaßt, als den Armen schuldig werden zu lassen (weil er meinen überspannten Bedingungen nicht genügt), um ihn dann der Pein zu überantworten. Meine Schwäche ist zumeist nichts anderes als die Hilflosigkeit, die einen jeden überkommt, wenn er am Bett eines todgeweihten Kranken steht.

In dem bisher gezeichneten Bild lassen sich zweifelsohne Züge einer sehr tiefgehenden Persönlichkeitsaufspaltung finden; andere Züge entsprechen aber sicherlich nicht dieser Diagnose.

Die größte Schwierigkeit liegt wohl in dem Idealbild, das ich als grundlegende Liebesbedingung an alle meine Relationen herantrage: die Frau soll meinem, d. h. dem von mir erarbeiteten »objektiven« Wertsystem genügen und [es] in sich verkörpern, sie soll dieselben hoch- und überhochgesteckten Ziele wie ich selber haben, in äußerster Persönlichkeits- und Erkenntnisentfaltung nach innen und in äußerster Loyalität nach außen, kurzum, ich verlange von ihr »großen Stil« in all ihren Lebensäußerungen, und wahrscheinlich [steht] die Forderung nach körperlicher Größe in engem Zusammenhang (– »schön muß sie sein, und Geld muß sie haben« –) mit diesen idealen Forderungen; auf der andern Seite haben sich meine unmittelbaren erotischen Begierden und Wünsche wohl noch nie diesem großflächigen Idealbild gefügt, sondern sind weit eher auf einen zärtlichen, anschmiegsamen Frauentypus ausgerichtet gewesen, ganz abgesehen von jenen beinah perversen Abirrungen, von denen früher die Rede gewesen ist und die wohl aus den Impotenzvorstellungen hervorgegangen sind. So weit also liegt sicherlich Aufspaltung vor.

Die Sachlage ist umso komplizierter, als wohl jeder aufgespaltene Mensch seine Heilung durch ein Wunder erwartet, nämlich ein Erlösungswunder, das von der Frau ausgehen soll, aber mit dieser Wundertat nicht sein wirkliches erotisches Komplement, das hiezu wahrscheinlich willig wäre, sondern sein Idealbild beauftragt. Und gleichgültig, ob solche Erlösung überhaupt möglich ist oder nicht, genau so verhält es sich bei mir:

ich bin durchaus gewillt, meine gesamte erotische Energie auf die Frau, die meinem Idealbild entspricht, oder, vorsichtiger ausgedrückt, von der ich glaube, daß sie diesem Idealbild halbwegs entsprechen könnte, zu konzentrieren, auf daß ich kraft solcher Konzentration doch die Gegenleistung eines Wunders, freilich eines, das ich mir selber schaffe, geschenkt erhalte. Nun ist aber diese Idealfrau, die ja nach meinem eigenen Ich geformt ist, oder richtiger, geformt werden soll, ebensowenig voll liebesfähig, als ich es selber bin, ist also für Wundertaten recht wenig geeignet, umsoweniger als wahrscheinlich, genauso wie bei mir, die ursprünglichen erotischen Wünsche eine ganz andere Richtung haben. Die ganze Erlösungsphantasie ist also offenbar ein freischwebendes Gebilde, eine Vergewaltigung der Natur, aufgebaut als ein Tagtraum, der sich aus gemeinsamer geistiger »Leistung«, aus einem gemeinsamen Willen zur Liebe schließlich doch ergeben soll. Und betrachtet man hiezu, was ich tatsächlich bin, nämlich ein alternder jüdischer Refugee[10], der sich erst bewähren soll, aber durch mannigfache körperliche Verfallserscheinungen immer mehr daran behindert wird, so kann man über das Schlafwandlerische des ganzen Vorhabens einigermaßen erschrecken.

Nichts wäre also natürlicher, [als] daß ich mich, wenn schon Wunder getan werden sollen, dorthin wende, wo natürliche Vorbedingungen dazu gegeben sind, nämlich zu einer Frau, bei der das Erotische klaglos funktioniert – dies allein ist ja schon ein Wunder –, und die gewillt ist – auch dies ein Wunder –, in einfacher und natürlicher und zärtlicher Weise mein Leben zu teilen, ohne daß ich ihr hiefür besondere »Leistungen« zu bieten habe, ohne daß ich genötigt bin, meine verschiedenen Alters- und Verfallserscheinungen vor ihr zu kaschieren oder zu überkompensieren. Gerade dazu aber bin ich nicht fähig. D. h. ich bin nicht fähig, die »künstliche Unbefangenheit«, unter welcher eine solche Relation besteht, in eine »natürliche Unbefangenheit« umzuwandeln. Der Hauptgrund hiefür liegt – neben sehr vielen anderen – offenbar im Leistungsbegriff: da ich von früher Jugend an alle meine Leistungen irgendwie mit jener mythischen Idealfrau verbunden habe, hat sich die magische Furcht herausgebildet, ich werde durch eine »natürliche« erotische Verbindung unweigerlich in meiner »Leistung«, also an meiner Begabung und an meiner Produktion gestraft werden; m.a.W. es gesellt sich der magische Begriff des »Sündhaften« hinzu, und da vom »Sündhaften« die stärkste Selbstsuggestion ausgeht, ist die Gefahr der Selbstzerstörung äußerst nahegerückt, einer Selbstzerstörung, welche vor allem die ganze erotische Relation und damit auch ihre Wunderwirkung gründlich zerstören würde. Oder einfacher ausgedrückt, mein geistiges Leben würde die Zerstörung seines mythischen, unerreichbaren Idealbildes nicht überleben und steht in Gefahr, darüber trauernd zugrunde zu gehen.

Ob also so oder so: so weit Aufspaltung besteht, ist wenig Aussicht vorhanden, daß sie durch irgend eine Frau geheilt werden kann, daß ein »Liebeswunder« die notwendige Vereinheitlichung herbeizuführen vermag.

Indes, trotz der geschilderten schwerwiegenden Symptome, kann ich mich des Eindruckes nicht erwehren, daß da keine eigentliche Aufspaltung vorliegt. Soweit ich mich auf ein inneres Fühlen verlassen kann, ist es

mir, als ob ich mich vor allem in einem Verpflichtungs-
netz bewege, an dem ich zwar selber webe und dem
ich trotzdem nicht entrinnen kann. Die verschiedenen
Frauen, welche die Maschen des Netzes halten, sind
beinah zufällige Haken, an denen ich mein Netz befesti-
ge und die kaum Eigenfunktion haben, sondern in ihrer
Funktion von mir selber bestimmt werden. Und es mag
sogar sein, daß eine von ihnen, wenn sie es nur richtig
versteht, das ganze Netz wegziehen kann: dies würde
dann die »richtige« Frau sein, auf die ich mein ganzes
Leben lang gewartet habe; indes, damit wären wir wieder in den Bereich des Liebeswunders eingetreten.
Oder anders ausgedrückt: es scheinen mir weit weniger
Aufspaltungen als Überlappungen von Verpflichtungs-
komplexen vorzuliegen, deren Verkreuzungen dann zu
den schier unerträglichen Gewissensqualen führen, die
mein gesamtes Leben begleitet haben und deren ich
heute ebensowenig wie je zuvor Herr zu werden vermag.
Ich habe mich in der bisherigen Darstellung tunlichst
jeder analytischen Terminologie und analytischer Kom-
mentare enthalten, nicht zuletzt weil mit analytischer
Theoretisiererei bekanntlich überhaupt nichts getan
ist. Ich habe bloß dargestellt, doch ich habe dies auch
zu einem bestimmten analytischen Zweck vorgenommen: ich wollte die Frage der analytischen Zugänglich-
keit aufwerfen. Denn ich bin in einem Alter, in welchem man unmöglich einfach drauflosanalysieren
kann und darf, sondern sich der möglichen Resultate
und ihrer Unmöglichkeit bewußt zu sein hat.
Ebendarum habe ich auch – sozusagen als Versuchstest
– ein einziges psychisches Motiv, nämlich das der ima-

ginierten Impotenz, in den Mittelpunkt der ganzen Darstellung gerückt. Ich bin mir durchaus bewußt, daß es daneben eine ganze Reihe anderer traumatischer Erlebnisse in meiner psychischen Struktur gibt, und ebenso habe ich eine ganze Reihe neurotischer Symptome – so z. B. die meiner Verdauungsbeschwerden – nicht angeführt, obwohl sie sicherlich im Kontext mit den Schwierigkeiten meines erotischen Lebens stehen. Aber gerade weil es sowohl in den Traumen wie in den Symptomen eine schier unübersehbare Mannigfaltigkeit gibt, mußte der Versuch gemacht werden, auf ein einzelnes Motiv hinzuweisen, das vielleicht eine Gesamtgruppierung zuläßt: ich behaupte keineswegs also, daß hier der goldene Schlüssel zu meiner Gesamtstruktur vorliegt, aber ich behaupte, daß eine Analyse in meinem Alter nur dann noch Erfolg haben kann, wenn irgend eine Hoffnung auf Auffindung eines gemeinsamen Nenners für meine neurotischen Erscheinungen besteht. *Die Beantwortung dieser Frage muß ich allerdings dem Analytiker überlassen.*[11]

Kann die Frage befriedigend positiv beantwortet werden, d. h. kann ein positives Analysenresultat in verhältnismäßig kurzer Zeit durch Aufdeckung der Haupttraumen erwartet werden, so habe ich die Hoffnung, daß ich noch zu einem halbwegs unbeschwerten Leben werde gelangen können. Denn ob man es nun Aufspaltung oder sonstwie nennt, es liegen einfach Liebeshemmnisse vor, eine herabgeminderte Liebesfähigkeit, gegen die ich seit über dreißig Jahren ankämpfe und die mein ganzes Leben, meine gesamte Arbeitsfähigkeit, meine gesamte Produktion weitgehend gelähmt hat und lähmt.

Was soll aber geschehen, wenn weder durch eine Frau noch durch die Analyse eine Heilung zu erwarten ist? Auch diese Frage muß man sich vorlegen.

Jeder hängt an seinen Neurosen. Jeder hat Angst, seine Neurosen zu verlieren. Und mit 55 Jahren hat man sich mit seinen Neurosen bereits eingerichtet.

Dies hindert nicht, daß der Neurotiker tief unglücklich ist, und sicherlich ist die spezielle Struktur meiner Neurose durchaus danach angetan, mich tief unglücklich zu machen. Unfähig, eine echte menschliche Relation zu schaffen, zumindest eine, wie ich sie mir vorstelle, ist meine Furcht vor Vereinsamung, das schmerzliche Einsamkeitsgefühl, das mich stets begleitet, sicherlich nicht geringer als das irgend eines andern Menschen – wahrscheinlich bin ich eben deshalb auch immer wieder und in so außerordentlichem Maße von [der] Vereinsamungsangst des andern berührt, und gar wenn sie sich an mich um Trost wendet –, mein Wunsch nach schlichtem natürlichen »Glück« ist nicht geringer als der eines jeden andern Menschen, und diese Sehnsucht wird umso größer, als mir mit zunehmendem Alter immer mehr und mehr bewußt wird, wie der gemeinsame Tagtraum, welcher Liebe und Zusammengehörigkeit heißt, ausschauen soll, was er dem Menschen bedeuten kann, und daß er als ein echter Wert in diesem Leben betrachtet werden darf. Gewiß, man kann auf alles verzichten, und wer sich mit seiner Neurose eingerichtet hat, ist eben auch aufs Verzichten eingerichtet, aber der Blick ins gelobte Land, das unbetretbar bleiben soll, ist darum trotzdem nicht weniger schmerzlich, insbesondere dann, wenn die Erringung von Ersatzwerten eben durch den dies alles bewirkenden neurotischen Mechanismus so maßlos, wie es bei mir der Fall ist, erschwert wird: ich darf zu keiner befriedigenden menschlichen Relation gelangen, weil ich u. a. fürchte, in einer jeden solchen Relation meine Produktivität zu verlieren, doch gerade diese Produktion wird durch den menschlichen Verzicht aufs äußerste erschwert und oftmals sogar völlig gelähmt, weil ich den größten Teil meiner Energie und Zeit hoffnungslos in Verpflichtungen, Verantwortungen und den damit verbundenen Gewissensqualen aufbrauche. Ich fühle mich unausgesetzt von Dämonen gejagt, die ich nicht zu zügeln vermag; es ist geradezu ein Wunder zu nennen, daß es mir manchmal gelingt, ihnen sozusagen durch List beizukommen – anders war es bisher noch niemals möglich gewesen –, um mir auf diese Weise ein wenig Luft zur Arbeit zu schaffen.

Indes, ich verhehle mir nicht, daß mir meine Neurose trotzalledem eine Reihe von Ersatzwerten geschenkt hat. Neurose vermag nämlich u. U. mancherlei wichtige Lebenserkenntnisse zu fördern, ja, zu erwecken. Sehr viele Neurosen sind derart ausgesprochen erkenntnisfördernd. Frigide Frauen z. B. – um nochmals diesen Vergleich heranzuziehen – sind gar nicht selten »Durchschauerinnen«, d. h. sie durchschauen Menschen und »die Männer«, vor allem aber durchschauen sie »die Liebe« und deren Fiktivität, entdecken also eine zweite Realitätsschichte, die von der normalen Frau im allgemeinen nicht erkannt wird oder zumindest nicht erkannt werden will; mit diesem Eindringen in eine zweite Erkenntnisschichte, oftmals der Aufbau einer ganzen »Theologie der Liebesablehnung«, einer Theologie der Selbstunbefleckung, wird das gefühlsmäßige Manko rationalisiert und sublimiert und oftmals so glücklich überkompensiert, daß die Frigidität schließlich als Lebenswert empfunden wird. Auch meine Neurose ist weitgehend um eine verminderte Liebesfähigkeit gruppiert, doch da sie alles andere als eine simple Frigidität ist, so ist ihre Struktur von allem Anfang [an] wesentlich komplizierter aufgebaut gewesen, und demgemäß waren die Rationalisierungen, Sublimierungen und Überkompensationen beinahe notwendigerweise auf eine ziemlich breite und komplizierte Erkenntnisbasis gestellt: schon als Kind mit einem hypertrophischen Gefühlsleben belastet und durch die konstante Leistungsverpflichtung verhalten, jede dieser Regungen bis ins Äußerste »auszukosten« und bewußt zu machen, habe ich nicht nur die Fähigkeit zur »Durchschauung« gewonnen, sondern darüber hinaus auch die der produktiven Verwertung – denn die Durchschauung als solche ist mir bloß langweilig – solchen Wissens; mir ist die Vielfalt menschlichen Seins aus eigener schmerzlicher Erfahrung so sehr und so unausgesetzt bewußt, daß ich [mich] manchmal davon geradezu überwältigt fühle, so sehr überwältigt, daß es eigentlich keine andere Gegenmaßregel gibt, als all das Sein, das ich mit all seinen Eigenschaften sowohl in mir wie im Nebenmenschen spüre, zu formen und zum Ausdruck zu bringen und damit mich hievon freizumachen. Wahrscheinlich ist dies ein Vorgang, der aller künstlerischer Produktion zu eigen ist, und deshalb halte ich es nicht für eine Überschätzung des Wertes der Neurose – mag auch jeder Neurotiker hiezu neigen –, wenn ich behaupte, daß mir von der Neurose oder zumindest mit ihrer Hilfe das beste Material zur

dichterischen, ja, zur geistigen Produktion geliefert
wird. Doch nicht nur die Vielfalt des Materials scheint
dieser Quelle zu entstammen, auch etwas, was ich die
»Materialtiefe« nennen möchte, tut dies: das »Durchschauen«, das sich schon beim Beispiel der frigiden
Frau gezeigt hat, dort aber noch auf den obersten Rea-
litätsebenen sich bewegt, wird hier zu einer Prüfung
des gesamten Erlebensmaterials im Hinblick auf seine
Realität, u. z. geht diese Prüfung keineswegs bloß ver-
standesgemäß vonstatten, vielmehr ist sie ein konstantes Vorwärtstasten und Vorwärtsfühlen zu tieferen
Realitätsschichten, die sich hinter den ersten auftun, so
daß tatsächlich sich daraus etwas wie ein neues Rea-
litäts- und Lebensgefühl ergibt. Nichts von der ursprünglichen Realität, nichts von ihrer Vielfalt geht dabei verloren, im Gegenteil, fast ist es, als ob hiedurch
alles nur noch intensiver, noch vielfältiger, noch far-
bensatter geworden wäre, aber diese erste Realität ist
ihrer Abgeschlossenheit entkleidet, gleichsam als sei
ihr ihre fixe Hinterwand weggenommen worden, als
hätte sie sich nun auch in der Tiefendimension zu stets
neuen Hintergründen vervielfältigt, und dadurch wird
der ganze Lebensablauf gewissermaßen ins Platonische
gerückt: die Apperzeptionsschemen, unter denen die
Alltagsrealität gesehen wird, all diese traditionalen und
konventionalen Sichten entblößen ihren traumhaften
Charakter, sie werden zu einem System und oftmals zu
einem Konglomerat einander überlappender, einander
überkreuzender Träume, zu einem Strom von Traum-
schichten, der im Uferlosen dahinflutet und doch das
Leben in seiner ganzen Realität, ja, etwas pathetisch
ausgedrückt, in seiner durchaus realen Schönheits-

gewalt ist. Wird dies einmal wahrhaft erlebt, dann wird der Drang zur Formung und zum Ausdruck womöglich noch unwiderstehlicher als vorher, mehr noch, er wird fast zur unabweislichen Ausdruckspflicht, muß es werden, weil ohne solchen Ausdruck alles Erlebte im Bereich der schieren, unkontrollierbaren Phantasie verbleiben würde. Gerade dies aber ist verboten. Denn so sehr auch die Formen des Lebens als traumhaft erkannt werden mögen, so sehr auch jede Realität sich ins Aufgelockerte und Durchsichtige auflösen läßt, es ist kein Verflüchtigen ins Nichts, sondern ein Näherkommen zu einem echteren, wenn auch niemals erreichbaren, tieferen und vielleicht sogar letzten Realitätssein, das – in unmittelbarer Nachbarschaft des Dings an sich[12] – am Grunde aller Träume ruht und sein Absolutheitsrecht beanspruchen darf. Hier setzt die Pflicht des Menschen zur Wahrheit ein, die Pflicht zur Propagierung der Wahrheit: ob Materialbreite, ob Materialtiefe, seien sie beide noch so groß, ihr Ausdruck würde niemals über den Bereich des Subjektiven und des subjektiven Spieles hinausführen, wenn sich von ihnen aus nicht ein Zugang ins menschlich Gültige eröffnen würde, denn die Wahrheit wird erst dann zur wahren Wahrheit, wenn die Verständigung von Mensch zu Mensch auf ihr basiert wird. M.a.W., das Ausleseprinzip, unter das die Materialvielfalt gestellt wird, drängt mehr und mehr ins Ethische, die Wahrheitssuche wird mehr und mehr von ethischen Gesichtspunkten aus bestimmt, gesehen und geleitet. Gewiß, in solcher Hindrängung zur praktisch-moralischen Tätigkeit steckt auch ein Verlust, ein Erkenntnisverlust, vielleicht sogar eine Art Kompromiß, das dem angestrebten geistigen Radikalismus zuwiderläuft und daher auch oft genug recht schwerfällt, aber es ist ein Kompromiß, das zu den Erfordernissen dieser Zeit gehört, ein Kompromiß, dem man sich zu beugen hat, da es heute vor allem darauf ankommt, wieder eine Wahrheitssprache zu schaffen, auf daß das moralische Babel, in dem die Welt versunken ist, vielleicht doch noch überwunden werden könne. Von hier aus gesehen, kann ich also die Wendung zu praktischen und politischen Problemen, diese Wendung, die ich, von den Umständen gezwungen und doch in freier Wahl, vorgenommen habe, nicht als Verarmung empfinden, obwohl mir vieles von dem, was ich hinter mir zurücklasse, ein schmerzlicher Verlust ist.

Ich habe also – zumindest dem innern Gefühl nach – manchen Anlaß, meiner Neurose recht dankbar zu sein; ohne sie wäre ich den Weg der Triebsublimierung, den ich gefunden habe, wohl niemals gegangen. Ich erinnere mich hiezu des wahrscheinlich grundlegenden »Sublimierungs-Erlebnisses«[13]: als ich etwa neun Jahre alt war, ging ich einmal – ob in besonders gedrückter Stimmung oder nicht, das weiß ich heute nicht mehr – in den Wald; offenbar absentierte ich mich damit von den anderen am Waldeseingang spielenden Kindern, und nachdem ich eine Zeitlang durch die mir sehr wohlbekannte Waldlandschaft gegangen war, wurde ich mir plötzlich meiner Einsamkeit bewußt, nicht meiner körperlichen, sondern meiner seelischen Einsamkeit, d. h. ich wußte plötzlich, daß bloß mein denkendes Ich für mich echte Realität sei, während alles andere, Nebenmensch und Baum und Gesträuch und Getier, unweigerlich im Traumhaften verbleibt und nur von meinen Gnaden Realität empfängt. Kurzum ich hatte, schreckhaft genug, das »platonische Erlebnis«, aus dem sich meine ganze künftige Lebenshaltung entwickeln sollte. Denn nun stellte sich mit absoluter Notwendigkeit die Aufgabe ein, eine neue Realwelt aus dem Traumhaften heraus zu schaffen, das Reale vom Irrealen zu sondern und ihm eine unumstößliche, »beweisbare« Daseinsfestigkeit zu verleihen. Der Einzelgänger, der Un-Mann voller Minderwertigkeitsgefühle wurde damit plötzlich zum gedanklichen »Weltenschöpfer«, nämlich zum platonischen Philosophen, dem es zur Aufgabe geworden ist, die Welt gedanklich neuzuschöpfen. Und ebenso war [durch] die Entdeckung der Einsamkeit des Ichs zugleich das Gegenmittel zu all den vorhergegangenen kindlichen Selbstmordwünschen gefunden, nicht nur weil die Entdeckung der seelischen Existenz und Unverletzlichkeit damit verbunden war, sondern auch weil die neugefundene Erkenntnisaufgabe sehr viel Zeit, ja, sogar ein besonders langes Erdendasein benötigte.

Bedenkt man, daß der normale, unneurotische Mensch im allgemeinen durchaus keine platonische Einstellung zur Welt braucht, um sein Leben zu fristen und zu genießen, so könnte die Vermutung auftreten, daß die Neurose stets die erste Vorbedingung für platonisches, philosophisches oder künstlerisches Schaffen sei, und als weitere Vermutung würde sich dann einstellen, daß all diese produktiven Menschen, angefangen mit Plato, durchwegs an imaginierter Impotenz (nach dem Muster meiner Neurose) gelitten hätten. Und da aus der philosophischen Einstellung letztlich alles Religiöse resultiert, so würde sich als letzte Konsequenz ergeben, daß der normale Teil der Menschheit ständig vom abnormalen und neurotischen vergewaltigt, bekehrt und erlöst worden sei. Dies ist natürlich eine groteske Behauptung. Gewiß, der philosophische Mensch will stets »bekehren«, er will stets erlösen, weil er ja sich im Besitz einer tieferen Wahrheit weiß, aber sicherlich ist diese Wahrheit nicht nur dem Neurotiker zugänglich, mag er auch eher als mancher andere zu ihr hinfinden. In Wirklichkeit dürfte der Religionsstifter, der eben die höchste Ausprägung des Philosophen ist, nichts anderes als die spezifisch unneurotische Ausprägung des philosophischen Menschen sein, und daß so viele Philosophen nicht einmal annähernd zu einer Bekehrungswirkung gelangen, dürfte gerade auf ihre neurotische und abnormale Struktur zurückzuführen sein. Und gerade heute, da es durchaus um die praktische und politische Bekehrungswirkung geht, gerät das philosophische Denken in Gefahr einer völligen Nutzlosigkeit, ja, der unmoralischen Nutzlosigkeit, wenn es im schieren Subjektivismus verbleibt. Ist dem aber so, so wird das, was die Neurose mit der einen Hand verleiht, alsogleich mit der andern wieder entzogen, und es scheint mir, daß dies durchaus auf meinen Fall zutrifft.

Das Problem der Nichtbehandlungsfähigkeit meiner Neurose, das Problem ihres Weiterbestandes berührt also nicht nur mein sogenanntes Privatleben und die Sphäre meiner unglücklichen erotischen Beziehungen, sondern reicht auch in die meiner Arbeit, u. z. eben weil sich diese immer mehr ins Praktische und Politische wendet.

44

Es soll nochmals kurz das Bild der gesamten Struktur, so weit sie mir selber sichtbar ist, resümiert [werden]. Beschränkt man sich hiebei auf die Grundvermutung von der imaginierten Impotenz – obwohl es sicherlich auch noch andere Neurosenwurzeln gibt –, so darf nicht vergessen werden, daß keine der bisherigen Analysen das dazugehörige Initialtrauma zutage gefördert hat, daß es also bloß aus der Form der neurotischen Haltungen indiziert ist, daß aber diese eben aus diesem Grunde ungeschwächt aufrecht erhalten geblieben sind. Dieser neurotische Habitus läßt sich etwa folgendermaßen umreißen:

Im Sozialen
Fortgesetzte Angst vor Nichtbewährung.
Furcht vor Menschen.
Konstantes Lampenfieber.
Tatsächliches Versagen, insbesondere wenn ich mich innerhalb einer größeren Gruppe von Menschen durchsetzen soll.
Werbung durch eine Nachgiebigkeit, die bloß durch ein (oftmals sehr geschicktes) Lavieren zu einer Art Kompromiß wieder zurechtgebogen wird.

Im Erotischen
Die allgemeine Furcht vor Menschen, die Furcht vor Nichtbewährung besteht als solche weiter, wird aber durch die Furcht vor sexueller Nichtbewährung noch verstärkt.
Die allgemeine Nachgiebigkeit gegenüber Menschen verstärkt sich durch die Rührung und Dankbarkeit, die mich überkommt, wenn mir, dem Un-Mann, gerade

das entgegengebracht wird, was ich in der Kindheit entbehrt hatte, nämlich Liebe. Jede erotische Beziehung wird solcherart sofort zu einer Verpflichtungs- und Treuefunktion.

Die eigene instiktmäßige erotische Wahlfähigkeit ist weitgehend eingeschränkt, umsomehr [als] alle sozialen Rücksichten und Befürchtungen mitaktiviert werden und außerdem vom Unbewußten verlangt wird, daß die erotische Bindung zugleich sich in den sozialen Sicherungsmechanismus einfügen lasse.

Dies wird umsomehr erschwert, als der sozial zulässige Frauentypus starr nach dem Bild der Mutter geformt ist, gerade dieses aber zur Impotenz verpflichtet, so daß beinahe sämtliche zustande gekommenen, halbwegs glücklichen, erotischen Bindungen jenem sozial zulässigen Idealbild – allerdings bloß in meiner höchst subjektiven, innern Bewertung (so z. B. in meiner Ablehnung aller körperlichen Kleinheit) – strikt widersprechen. Fast jede erotische Bindung ist daher seit jeher, trotz der Verpflichtungs- und Treuerelation, von vorneherein unter dem Zeichen einer innern Ablehnung, eines Abschiednehmens von allem Anfang an, kurzum unter dem Zeichen einer unentrinnbaren Halbheit gestanden. Traf ich aber je eine Frau, die meinem Idealbild halbwegs entsprochen hat, so war diese Beziehung nicht nur doppelt durch die Impotenzdrohung belastet, sondern stand auch noch in Konkurrenz mit den stets vorhandenen, bequemeren erotischen Beziehungen, außerdem aber auch mit dem diesen anhaftenden Verpflichtungs-, Verantwortungs- und Treueapparat.

Zu allem andern ist der Idealtypus, mit dem die radikalabsolute, restlose Liebe verkörpert werden soll, naturgemäß mit dem Fluch der retrospektiven Eifersucht behaftet, und von hier aus eröffnet sich sozusagen noch eine zweite Impotenzquelle. Ganz simplifiziert gesprochen ergibt sich hieraus eine gewisse Grundspaltung, u. z. besteht die Tendenz, alle soziale und geistige Bindung auf den Idealtypus zu übertragen, eine Art »himmlische Liebe« zu etablieren, hingegen die eigentlich erotische Funktion ins Unsoziale zu verlegen, wobei freilich die Treueverpflichtung auf beide Seiten gleichmäßig, u. z. gleichmäßig unbefriedigend verteilt wird.

Zweifelsohne kommt auf diese Weise weder auf der einen noch auf der andern Seite eine richtige Bindung zustande, und da eine derartige ungebundene Erotik gewissermaßen stets chemisch bindungsfähig bleibt, eine Bindungsfreiheit, die vom andern Geschlecht mit absoluter Sicherheit gespürt wird, so tragen sich mir unausgesetzt und immer wieder Frauen an, so daß der unheilvolle Zirkel niemals zum Stillstand gelangt.

Im innern Konflikt

Es versteht sich, daß eine solche Situation, u. z. insbesondere vom Erotischen aus, da hier die verschiedenen Verpflichtungs- und Treueforderungen miteinander in Konkurrenz stehen, gewissensmäßig aufs äußerste gespannt ist, d. h. unter den schärfsten Gewissenskonflikten steht, unter Konflikten, welche manchmal geradezu zur Zerrissenheit ausarten. Das »schlechte Gewissen«, von dem solcherart dieses ganze Leben begleitet worden ist, hat auf dem Gebiet der »Verantwortungen« seinen eigentlichen Spielplatz gefunden; die einzige positive Stellung, die man mir in der Jugend gegenüber dem verwöhnten und spezifisch verantwortungslosen, verantwortungsenthobenen, jüngern Bruder zugebilligt hat, war das der Verantwortung, und so habe ich mein ganzes Leben auf »Verantwortung«, nicht zuletzt auf die für die Familie, eingerichtet, und ebenso sind all die oftmals grotesken Verpflichtungen gegenüber Frauen stets von quälenden Verantwortungsgefühlen diktiert, freilich von denen einer nicht genügend erfüllten Verantwortung, so daß das schlechte Gewissen von hier unausgesetzt neue Nahrung zugeführt erhält.

Im besondern ist aber das schlechte Gewissen nichterfüllter Verantwortung in der Berufswahl verankert; obwohl ich zwanzig Jahre lang pflichtgemäß den väterlichen Beruf ausgeübt und die ökonomische Verantwortung für die Familie getragen hatte[14], hat dies für das innere Bewußtsein nichts gegolten, weil ich mich ja innerlich von allem Anfang an für einen andern Beruf entschieden hatte, so daß ich den väterlichen bloß »scheinbar« ausgeübt habe, um ihn schließlich auch offen zu verlassen. Von solcher »Scheinbarkeit« rührt zum Teil das »Hochstaplergefühl« her, von dem ich seit jeher erfüllt gewesen bin, u. z. ist es das Hochstaplergefühl eines Menschen, welcher im Innersten um seine (ihm vielleicht vom Vater anbefohlene) Impotenz weiß und nun doch so handelt, als ob er potent wäre; kein Potenzbeweis, weder auf sexuellem, noch auf beruflichem, noch auf sonstwelchem Gebiet – Beweise, die mir mein ganzes Leben hindurch geliefert worden sind und sich schließlich hätten einprägen können – vermag an diesem Hochstaplergefühl zu rütteln.

Wo das Verbrechen der Hochstapelei begangen wird, dort muß Strafe einsetzen, und es versteht sich, daß ich meine Strafmaßnahmen vor allem gegen den von mir gewählten geistigen Beruf gerichtet habe (wie mir ja eben überall die freie Wahl verboten gewesen ist). Obwohl diese Strafmaßnahmen allesamt auf einen gemeinsamen Nenner gebracht werden können, seien einige von ihnen angeführt:

a) mit dem Augenblick meiner ersten Sexualbeziehung habe ich an einer empfindlichen Gedächtniseinbuße gelitten;

b) nicht nur meine Lernfähigkeit ist hiedurch beinahe völlig geschwunden, auch meine eigenen Arbeiten sind mir stets aufs neu ins Nichts versunken, so daß ich in jedem Augenblick sozusagen das Gesamtsystem stets aufs neu zu produzieren habe;

c) meine konstanten Gewissenskonflikte sind zu einem Zwangsdenken ausgeartet, gegen das ich einen unablässigen Kampf zu führen habe, damit ich halbwegs Denkraum für meine Arbeit gewinne;

d) ohne Rücksicht auf die subjektive und wahrscheinlich auch objektive Wichtigkeit dieser Arbeit lasse ich mich durch mein schlechtes Gewissen gegen die verschiedenen Frauen immer wieder bestimmen, ihren Wünschen gefügig zu sein und ihnen meine Arbeitszeit zu widmen (wodurch mein Haß gegen sie freilich oft ins Maßlose ansteigt, ein Haß, der dann automatisch wieder ins Zwangsdenken einmündet).

Die körperlichen Strafmaßnahmen, wie etwa die meiner Darmneurose, sollen hier nicht behandelt werden, weil sonst noch über eine Reihe anderer Neurosewurzeln gesprochen werden müßte. Doch versteht es sich, daß auch von hier aus schwere Arbeitsbeeinträchtigungen ihren Ausgang nehmen.

Hingegen darf nicht unerwähnt bleiben, daß meine Strafmaßnahmen wie immer zu Fehlhandlungen führen, die schwere Selbstschädigungen in sich einschließen, und daß meine – leider berechtigte – Angst vor diesen Selbstschädigungen manchmal bis zur Panik ansteigt, um dann erst recht Anlaß zu solchen Schädigungen, wie z. B. Verlust wichtiger Dokumente oder Manuskripte, zu geben. Meine Fehlhandlungen unter Kontrolle zu halten, oftmals selber schon ein ausgesprochener Zwangsmechanismus, zehrt gleichfalls einen großen Teil meiner Arbeitsenergie auf.

Die Überkompensation

Die Kompensation zu all den Beeinträchtigungen heißt Überleistung. Nicht auf die sexuelle Überleistung, auf die immer wieder zum Vorschein kommende Überpotenz, kommt es dabei an, umsoweniger als ja auch da die Tendenz zur Selbstschädigung, u. z. einer gesundheitlichen, deutlich zum Ausdruck gelangt; wesentlich hingegen ist die geistige und berufliche Überkompensation. Über Richtung, Wirksamkeitsbreite und -tiefe dieser Überkompensation wurde bereits eingehend gehandelt, ebenso daß sie an überdimensionale Aufgaben sich heranwagt. Hinzuzufügen wäre noch, daß auch die Überkompensation mit ihrer Sublimierungsfunktion sich in den Kampf gegen das Hochstaplergefühl einreiht, u. z. vor allem mit dem bis auf die Kindheit zurückreichenden Hang zur Mathematik,[15] in der allein unanzweifelbare geistige Ergebnisse sich auffinden lassen, so daß der Vorwurf der Hochstapelei ausgeschlossen ist. Daß aber selbst hier das Mißtrauen gegen sich selbst weiterwirkt, ist offenkundig; es führte

zur Befassung mit Logik und mathematischer Grund-
lagenforschung und schließlich von hier aus wieder zur
unbewältigbaren Welttotalität, weil bloß im Totalen
sich ein unerschütterlicher Grund allen Wissens finden
lassen müßte, wenn es nicht eben unbewältigbar bleiben müßte. Und damit wird die Überkompensation
wieder ihrerseits zur Arbeitshemmung, so daß nun
neuerdings, um ein Stück produktiver Arbeit zu ermöglichen, auch wieder scharfe Selbstkontrolle ein-
zusetzen hat.

Es ist verwunderlich, daß bei einer so weitgehend ge-
klärten seelischen Struktur die Analyse nicht imstande
sein soll, die eigentlichen Traumen aufzudecken und
dieses ganze neurotische Gebäude, das eine auf die
Spitze gestellte Pyramide ist, zum Zusammenbruch zu
bringen. Aber offenbar ist die Spitze so verschwindend
nadeldünn, daß sie überhaupt nicht mehr erhaschbar
ist, am allerwenigsten nach einem Bestand von einem
halben Jahrhundert.
Mit dem bloßen Willen ist gegen Neurosen nichts auszurichten; gerade der panikartige Kampf gegen Fehlhandlungen zeigt die Erfolglosigkeit solcher Bemühungen. Ich darf von mir sagen, daß ich meinen willens-
mäßigen Kampf gegen die Neurose unter Aufgebot aller
Kräfte geführt habe und führe, doch weil ich ebendeswegen um die geringen Erfolge dieses Kampfes weiß,
weil ich weiß, daß ich die Neurose damit zwar oftmals
überdeckt, aber niemals vernichtet habe, ebendeswegen wird durch diese Gesundheitsfassade das Gefühl
der Hochstapelei nur noch verstärkt. Bloß wirkliche
Neurosenheilung würde dieses Gefühl zum Schwinden
bringen.

Doch wenn die Heilung, also die Heilung durch Analyse, nicht mehr zustande zu bringen ist, dann ist nur noch vermittels willensmäßiger Selbstdisziplin etwas zu erreichen. Dem Willen freilich ist im allgemeinen bloß mit Verboten und fast niemals mit Geboten beizukommen. Die Neurose als solche ist allerdings nicht zu verbieten. Wenn etwas verboten werden kann, so sind dies höchstens gewisse Lebenssituationen, welche Anlaß zur Auslebung neurotischer Tendenzen zu bieten vermögen. Auch dies ist ein schwerer Kampf, weil ja die Neurose zur Schaffung solcher Situationen drängt; bloß wenn es ein halbwegs neurosefreies Lebenszentrum gibt und die Neurose sich auf weniger lebenswichtigen, periphereren Gebieten abspielt, scheint eine solche Dirigierung des Willens möglich zu sein. M.a.W., es ist ein Verzicht auf ein Stück Erlebensmaterial, das da gefordert wird, um der Neurose ihr Betätigungsfeld tunlichst zu verkleinern; ob sie sich dann Ersatzfelder schafft, ist allerdings eine zweite Frage, denn was sich da abspielt, ist eine Art Ausweichen vor der Neurose, eine Art Neurosen-Überlistung.

Mein seelisch wichtigstes Lebenszentrum liegt zweifelsohne im Gebiet der produktiven Arbeit, und trotz aller Arbeitshemmungen läßt sich behaupten, daß dank eines glücklichen Sublimierungsmechanismus hier die Neurose einigermaßen ausgeschaltet ist. Das Hauptbetätigungsfeld meiner Neurose liegt im Erotischen, und wenn es also gilt, die Neurosenbetätigung zu unterbinden, so hieße es wohl, alle Situationen zu vermeiden, welche zu erotischen Konsequenzen führen könnten. Vor etwa zehn Jahren, also Mitte der vierzig, habe ich diesen Ausweg mit aller Radikalität gesucht, als ich

mich in vollkommene Isolierung und Askese zurück-
zog.[16] Dies war damals freilich leichter, als es heute sein
würde; damals glaubte ich noch, daß dies eine Radikal-
kur sein könnte, aus der ich tatsächlich »wiedergeboren« und neurosenbefreit ins Leben zurückkehren würde, und heute weiß ich, daß es eine solch glückliche
Rückkehr nicht gibt, sondern bloß einen endgültigen
Verzicht, umsomehr als in meinem Alter sich das Endgültige immer mehr und mehr häuft. Und gerade in der
Lage eines Refugees, für den jeder Tag eigentlich bloß
ein geschenkter ist, wird jeder Verzicht doppelt schwer
empfunden. U. z. glaube ich, daß es weniger der erotische Verzicht – obwohl ich dessen einschneidende Bedeutung nicht in Abrede stelle – ist, der mich derart
trifft, als der allgemein menschliche, der sich zwangsläufig dazu gesellt: ich habe meine Emigration[17] von allem Anfang an als eine ungeheure Lebensbereicherung
empfunden, sozusagen als ein Geschenk, das mir für
meinen letzten Lebensabschnitt vom Schicksal verliehen worden ist, und fast gierig ist mein Wunsch geworden, ein möglichst großes Quantum an Lebensmaterial,
an Wissen um neue menschliche Konstellationen, Milieus, Qualitäten, Strukturen noch einzuheimsen; das
Erotische ist oftmals bloß eine Eingangspforte, ein
Vehikel für diesen Wunsch, den man mit Fug als letzte
Lebensneugier bezeichnen dürfte. Und wahrscheinlich
spielt da auch noch die seit Jahren wachsende innere
Vereinsamung mit hinein; wer sich vereinsamt fühlt,
braucht zum Ausgleich größere Lebensquantitäten, insbesondere wenn er den realen Tod vor sich sieht.
Nichtsdestoweniger, gerade weil ich mit einem vorzei-
tigen Ende rechnen muß und rechne, und gerade weil

ich aus irgend einem sicherlich nicht sehr rationalen, sondern eher mystischen Bedürfnis vorher noch halbwegs meine Arbeit abschließen möchte, muß ich von dieser weitere neurotische Störungen abhalten, und hiefür sehe ich eben kein anderes Mittel als den eines Verzichtes in meiner Lebensgier, in meinen menschlichen und erotischen Beziehungen.

Betrachtet man die erotische Situation unter dem sehr vereinfachten Schema einer glatten Aufspaltung, so habe ich es mit zwei Frauentypen zu tun:

Der erste Typus ist in starker Idealisierung nach dem Bilde der Mutter geformt. Er umfaßt Frauen in gehobener sozialer Stellung, »dekorative« Frauen, die einerseits durch Schönheit und Hochwüchsigkeit auffallen, andererseits sich durch eine Art Befehlsgewalt durchzusetzen verstehen. Meine erotische Eitelkeit wird durch diese Frauen befriedigt, nicht aber meine erotische und sexuelle Neigung, denn da diese Frauen die mütterliche Erbschaft angetreten haben, stehen sie unter Inzestverbot, und ich habe bei ihnen echte Potenzschwierigkeiten; was ich im Grunde da anstrebe, ist eine »weiße Ehe«, also genau das, was nach meiner kindlichen Vorstellung zwischen meinen Eltern hätte bestehen sollen, und in diesem, lediglich aufs Soziale abgestellten Familienleben hätte mir ganz folgerichtigerweise die Rolle des sorgenden, vorsorglichen Vaters und Familienoberhauptes zuzufallen.

Der zweite Typus ist im Gegensatz zum ersten, der gewissermaßen den der »gnädigen Frau« im Haushalt meiner Jugendzeit repräsentiert, nach dem Bild des »Dienstmädchens« geformt, dies umsomehr als auf dieses meine ersten, mehr oder minder bewußt gewesenen erotischen Wünsche gerichtet gewesen waren, da mir ja von meinen Bonnen und den Dienstmädchen jene Zärtlichkeit zuteil geworden war, die meine Mutter bloß für meinen Bruder übrig gehabt hatte. Dieser zweite Typus – kleine Frauen, da ja tatsächlich die meisten Mädchen kleiner als meine Mutter waren (zumindest in meiner Imagination, die da Größenrangordnungen wie auf einem frühmittelalterlichen Bild vorgenommen hat) – ist demnach auch heute noch das Ziel meiner triebmäßigen erotischen Wünsche, das Ziel einer entzückten, physischen Zärtlichkeit, und wenn ich dem andern Typus (wie eben der Mutter) durch übermäßig geistige Leistungen zu imponieren suche, so stellt sich hier zwanglos und einfach eine ausgesprochene Überpotenz ein. Doch dies ist eine Beziehung, die vor der Mutter und damit auch vor der gesamten weiteren Öffentlichkeit verborgen bleiben muß, und so stellt sich hier der ganze peinliche Geheimhaltungsmechanismus ein, an dem ich ebenso [leide], wie die betreffende, betroffene Frau [darunter] zu leiden hat und leidet. Diese Scham ist umso berechtigter, als ich in diesen Relationen nicht die ehrenvolle Vaterrolle, sondern weit eher – auch dies entspricht der Genesis der Relation – die Rolle des Kindes übernehme, des Kindes, für das gesorgt werden soll und [das] dafür sogar noch Bewunderung erheischt.

Kurzum, der erste Typus entspricht meinem Über-Ich, der zweite meinem triebhaften Es, und wenn ich beim ersten meinen Masochismus auslebe, so bringe ich beim zweiten meinen ganzen Sadismus unter. Auf beide jedoch wende ich meinen »Amphitryonismus« an, u. z. weil ja bei beiden unterirdisch der Wunsch nach Aufhebung der Aufspaltung mitschwingt: ich möchte dem ersten Typus jene Zärtlichkeit einpflanzen, die mich wie beim zweiten zur Überpotenz veranlaßt, und ich möchte dem zweiten eine Umwandlung angedeihen lassen, die es mir ermöglicht, hier ebenso »stolz« wie beim ersten zu sein, so daß hiedurch auch die Verheimlichungsnotwendigkeit zum Schwinden gebracht werde; irgendwie stelle ich mir hiebei wohl sogar vor, daß ich diese Frauen noch zu körperlichem Wachstum veranlassen könnte. Allerdings ist der Hauptimpuls zum Amphitryonismus, nämlich meine retrospektive Eifersucht, beim ersten Typus als dem unmittelbaren Erben der Muttergestalt stärker als beim zweiten, bei dem ich mir die Eifersucht sogar ausdrücklich verbiete, und so sind demnach auch hier die Umwandlungsresultate, obwohl hiefür gerade hier die bessern Bedingungen vorhanden wären, ganz wesentlich geringer.

Bleibt man noch bei dieser Zweiteilung, so könnte eine befriedigende Beziehung geschaffen werden, wenn ich

beim ersten Typus

a) auf meine retrospektive Eifersucht,

b) auf Teile meines Amphitryonismus,

c) auf meine Vorstellungen von einer weißen Ehe verzichten könnte.

Von diesen Forderungen sind die beiden ersten zur Not willensmäßig erfüllbar, während die dritte für den Willen weitgehend unzugänglich bleibt, weil die Potenz sich eben kaum kommandieren läßt.

Es hat also den Anschein, als ob von hier aus wenig Möglichkeiten zur Schaffung einer befriedigenden Be-

ziehung, geschweige denn gar der von mir illusionier-
ten absoluten Liebe, zu schaffen sind. Sollte dies aber
auf anderem Wege gelingen, so müßte

    beim zweiten Typus

        a) auf die – objektiv zumeist ganz unberechtigte –
        soziale Scheu,

        b) und damit auf die hievon bedingte Geheimhal-
        tung verzichtet [werden].

Beides könnte zur Not willensmäßig erreicht werden.
Es hat also fast den Anschein, als ob vom zweiten Typus eher ein Zugang zur Lösung des Problems zu finden wäre.

Damit aber ist das Motivenbündel noch lange nicht
aufgelöst. Denn zur gegenwärtigen konkreten Situation gehört es, daß der erste Typus selbstverständ-
licherweise durch die eingeborene, womöglich nicht-
jüdische Amerikanerin repräsentiert wird, u. z. nicht
nur weil in diesem Lande eben ihr und nur ihr die diesem Typus eigentümliche, gehobene soziale Position
zukommt, sondern noch weit mehr, weil ja bei mir alles
zur Pflicht und zur »Aufgabe« wird: ich habe hier die
bereits erwähnte Lebensbereicherung erfahren, ich bin
gierig, immer mehr in das spezifisch amerikanische Leben einzudringen, ich muß dies umsomehr tun, als ich
für meine Arbeit mir einen politischen Widerhall schaffen muß, und all dies kann ich bloß durch intensive
Selbstamerikanisierung erreichen; weit davon entfernt,
eine Frau um ihres Geldes oder auch nur wegen ihres
sozialen Einflusses heiraten zu wollen (– nebenbei halte
ich die Heirat mit einer Amerikanerin durchaus nicht
für [ein] vorteilhaftes soziales Sprungbrett, sondern
eher für das Gegenteil –), ist es mir zur Pflicht ge-

worden, auch meine erotischen Beziehungen, selbst
wenn sie nicht zur Heirat führen, genau so wie meinen
sonstigen Verkehr tunlichst im Amerikanertum zu suchen, und es fallen daher andere Beziehungen schon
von hier aus in die Sphäre verletzter Pflicht, in die Ver-
botssphäre. Im Gegensatz hiezu ist der zweite Frauentypus aus naturgegebener Polarität nun völlig unameri-
kanisch geworden. Dazu trägt nicht wenig bei, daß der
amerikanische Geisteshabitus eben von dem unsern
doch weitgehend verschieden ist; selbst die amerikanischen Neurosen scheinen anders und offenbar etwas
grobschlächtiger als die unseren konstruiert zu sein,
und gerade im Sexuellen habe ich, so weit meine Erfahrungen und Beobachtungen (insbesondere die letzteren) reichen, fast durchwegs eine geradezu infantile
Struktur vorgefunden, die der Herstellung einer wirklichen erotischen Beziehung von vornherein zuwiderläuft, also alle Elemente für eine impotente weiße Ehe
in sich tragen würde, wenn wenigstens dafür – aber
auch dies ist eben weitgehend unmöglich – ein entspre-
chender geistiger Kontakt zu schaffen wäre. Dies sind
also durchaus Gründe, die für eine Entscheidung zugunsten des zweiten (nunmehr vorzüglich im Europäischen lokalisierten) Frauentypus sprechen würden, zumindest für einen normalen Menschen täten sie dies,
doch für mich ist nun gerade dieser zweite Frauentypus
eben wegen seines Europäertums unter ein doppelt ver-
stärktes Verbot gestellt.
Dies ist der Sachverhalt, allerdings ohne Rücksicht auf
seine ungeheuer komplizierten Verkreuzungen und
Überschneidungen aufs äußerste simplifiziert dargestellt. Und wenn ich daraus einen ebenso simplifizier-

ten Schluß und Entschluß ableiten soll, so würde dieser etwa folgendermaßen ausschauen: man kann sich nicht von seinem Über-Ich in diesen Fragen bestimmen lassen, und jener erste Frauentypus ist mir von meinem Über-Ich aufgedrängt worden; man kann aber auch nicht vom Über-Ich absehen, weil es zu viel der lebenswichtigsten Sublimierungen in seinen Händen hält, und [da] es hier bei alldem um eine Verquickung erotischer mit sozialen Problemen geht, muß vor allem diese Verquickung gelöst werden, d. h. ich muß in erster Linie meine soziale Position in Ordnung bringen und fest begründen, ehe ich an die Lösung des erotischen Problems gehe. Gelingt mir dies, so werde ich auch die Lebenssicherheit haben, meine Frau nach meinen Trieben, also nach den Wünschen meines Es zu wählen, weil ich dann auch imstande sein werde, sie sozial zu decken, d. h. meine Sexualität einzubekennen und so der Geheimniskrämerei ein Ende zu bereiten. Dazu muß aber sowohl aus seelischen wie aus praktischen Gründen vor allem eine Ruhepause eintreten: widme ich mich nicht völlig meiner Arbeit, werde ich noch weiter von Gewissenskonflikten belastet, so werde ich niemals zu der so dringlichen sozialen Position gelangen, und dies wird die vollkommene Zerbrechung meiner Existenz bedeuten. Selbst auf die Gefahr hin, daß meine jetzigen menschlichen und erotischen Beziehungen darunter leiden oder sich zu nichts auflösten, was höchstens ihre Nichtigkeit dartun würde, muß ich nun für eine gewisse Zeitspanne, deren Dauer sich nicht ermessen läßt, mich wieder radikal isolieren, nicht um einer »Wiedergeburt« willen, sondern um die unselige Verschmelzung von erotisch-menschlichen und sozialen Haltungen endlich einmal reinlich zur Trennung zu bringen und mich hiedurch entscheidungsfähig zu machen.

Es kann natürlich sein, daß auch dieser Entschluß noch neurotisch bedingt ist, denn die Hinausschiebung von Entscheidungen gehört vielfach zu meinen neurotischen Grundhaltungen. Andererseits muß ich sagen, daß ich die Durchführung eines derartigen Entschlusses schon als Gesundungssymptom oder zumindest als eine geglückte Überlistung meiner Neurose betrachten würde. Schlagartig kann eine Neurose nicht überwunden werden, es sei denn durch irgend eine katastrophale Erschütterung und Revolutionierung des gesamten Organismus; der große hiefür benötigte Zeitaufwand ist ja schließlich auch der Nachteil des analytischen Verfahrens.

Es ist ein Verzicht, zu dem die Entwicklung hindrängt, nicht nur der augenblickliche Verzicht, der von der gewählten Isolierung bedingt ist, sondern darüber hinaus auch ein dauernder Verzicht, ein dauerndes Kompromiß, freilich auch mit der Einsicht, daß der gesunde Mensch sich leichter als der Neurotiker zu Kompromissen bequemt. Dort, wo ich am gesündesten funktioniere, habe ich bereits ein Kompromiß geschlossen, da ich, den Erfordernissen der Zeit gehorchend, meine Arbeit in zunehmendem Maße praktisch-ethischen Zwecken, d. h. der politischen Willensbildung dienstbar zu machen trachte; es ist also bloß selbstverständlich, daß ich mich auch auf anderen Gebieten zu einem Kompromiß verstehe. Und es ist ein Kompromiß, wenn ich auf meine überspannten Forderungen an eine absolute Liebe zu verzichten bereit bin, wenn ich mich werde abfinden können, auf den mir von meinem Über-Ich diktierten ersten Frauentypus zu verzichten, an den ich meine Vorstellungen von der absoluten Liebe – freilich erfolglos genug – geknüpft gehabt hatte. Denn wahrscheinlich wird dann das Kompromiß zugunsten des zweiten Typus ausfallen.

Mit allem Wissen um den Dimensionsabstand sei hiezu an Goethe erinnert, der auch erst im vorgerückten Alter, als er seine soziale Position aus eigenem vollkommen gesichert hatte, sich entschlossen hat, seinen Trieben gemäß den »Bettschatz« zu heiraten, was zweifelsohne auch für ihn ein verzichtbeladenes Kompromiß gewesen war.[18] Aber eben weil der Dimensionsabstand zwischen mir und Goethe nun einmal vorhanden ist, wird mein Kompromiß nicht so eindeutig wie der seine ausfallen dürfen: mit einem bloßen Bettschatz, der nebenbei gut kocht, werde ich kaum das Auslangen finden; bis zu einem gewissen Grade werde ich an die Frau, mit der ich leben soll, auch wenn sie nicht dem ersten Typus angehört, stets die Forderung stellen, daß ich wenigstens ein bißchen auf sie »stolz« sein kann, aber darüber hinaus gibt [es] noch andere, nicht weniger wichtige Forderungen, nämlich erstens die einer weitgehenden eigenen Neurosenfreiheit (– denn nichts verträgt der Neurotiker so schlecht wie eine andere Neurose, die mit der seinen nicht genau übereinstimmt –) und zweitens die Forderung nach einer ziemlich großen psychischen und psychologischen Einsicht und wohl auch Nachsicht, denn da meine Neurose wohl weiterbestehen wird und sogar in manchem Belange zu den Produktionsquellen meiner Arbeit gehört, wäre ein absolutes Unverständnis vor meiner seelischen Struktur, wäre jeder versuchte Eingriff in diese Struktur oder deren Ablehnung zugleich auch ein Angriff gegen mein produktives Sein, und jede Beziehung, welche dies nicht berücksichtigt oder zu berücksichtigen gewillt ist, wäre von vorneherein zum Scheitern verdammt. Ein Kompromiß ohne dieses Minimum an Verständnis würde eine seelische Kraft benötigen, die ein Goethe besessen hat, die aber ich nicht besitze.

Gewiß, es braucht nicht unbedingt ein Kompromiß zu werden. Es können Wunder geschehen; es kann die Frau des ersten Typus erscheinen, die alle sonstigen von ihr verlangten Qualitäten mit sich bringt, aber es könnte, wenn alles gut geht, sogar auch mit dem zweiten Frauentypus so etwas wie eine absolute Liebe konkretisiert werden. Und [es] könnte darüber hinaus – als der Wunder größtes – sogar noch eine Analyse glükken. Doch mit Wundern soll nicht gerechnet werden. Man muß mit der Realität rechnen.

Und die härteste Realität ist wohl die apokalyptische Zeit, in der wir leben. Und fast ist es beschämend, sich mit diesen persönlichsten und privatesten Problemen in einer solchen Zeit abzugeben. Wenn es geschieht, so geschieht es wohl, weil selbst inmitten der Apokalypse die kleine persönliche Glückssehnsucht des Menschen nicht völlig zum Schweigen zu bringen ist. Und es geschieht auch, weil gerade in einer Zeit schärfster Anspannung und schärfster Forderungen an die persönliche Arbeitskraft ein seelisches Ordnungmachen notwendiger denn je geworden ist, damit die Arbeitskraft nicht noch mehr, als es ohnehin durch die äußern Ereignisse getan wird, geschädigt und beeinträchtigt werde. Doch davon abgesehen, darf kein überflüssiger Gedanke daran verschwendet werden: wer nicht weiß, daß er unmittelbar an Sein und Leben bedroht ist, und nicht alles daran setzt, um seinen Beitrag zur Abwehr des beinahe schon unabwendbaren Unheils zu leisten, der träumt.

Nachtrag zu meiner
psychischen Selbstbiographie

In meiner vorjährigen Skizze zu einer Selbstanalyse habe ich versucht, meine Aufspaltung, oder wie sonst man diesen Zustand heißen möge, mit meinen konstanten Impotenzvorstellungen in Verbindung zu bringen, um solcherart einige Ursachen für meine neurotischen Erscheinungen erraten zu können. Beobachtungen, welche sich im Laufe der letzten Monate ergeben haben, seien nun hier – allerdings in äußerster Simplifizierung – als ergänzende Bemerkungen festgehalten.

Es besteht kein Zweifel, daß ich – cum grano salis – das Kindheitsschema von zwei Frauentypen fürs ganze Leben beibehalten habe: Typus Nr. 1 ist die »Dame«, also meine Mutter, während Typus Nr. 2 eine Zusammenstellung sämtlicher anderer Frauengestalten des Kindheitshaushaltes ist, also der Dienstmädchen, der Gouvernanten etc. etc. Die »Dame« trägt noch heute einige reale Züge meiner Mutter; sie ist großgewachsen, dunkelhaarig und mit jüdischem Einschlag, dabei jedoch schön (– meine Mutter war ebensowohl mir subjektiv ein ästhetisches Wohlgefallen, als sie auch objektiv als eine schöne Frau gegolten hat –), und dieses physische Bild wird einerseits durch das reale psychische Gehaben der Mutter vervollständigt, nämlich durch Verwöhntheit, Kränklichkeit, Egozentrik, Unsicherheit, Ängstlichkeit, Kühle, Rationalität, andererseits durch jene Züge, welche sie niemals besessen hat, aber von mir erwünscht worden sind, also vor allem

Verständnis für mich und der für mich wichtigen Lebensbelange. Neben dieses richtige Idealbild tritt Typus Nr. 2 als das reine Gegenteil, nämlich als das der kleinen, rundlichen, blonden, arischen Frauen, welche einstmals von der eleganten schlanken Jüdin regiert worden sind. Jetzt hinterher sehe ich natürlich auch, daß es ein Gegensatz zwischen einer hochneurotischen [Frau] und vielfach unneurotischen Frauen gewesen ist.

Die Liebe zu Typus Nr. 1 ist erlaubt, ja, sogar Pflicht, und diese Liebe wird durch das ästhetische Wohlgefallen erleichtert, das eben eine der Haupterbschaften der Muttergestalt ist. Leider gehört zu diesem Muttererbe aber auch die Keuschheit, kurzum das Inzestverbot; es ist ästhetisches Wohlgefallen mit verbotener Potenz. Hingegen enthält Typus Nr. 2 alle erotischen Reize, welche bereits die Hausmädchen für das Kind gehabt haben. Gewiß, auch diese sinnliche Liebe ist verboten, ist sogar doppelt verboten, weil sie das Moment der »Untreue« gegen die Mutter in sich schließt, aber da eben diese Untreue sich zugleich als Rache für die mir verweigerte, dem Vater und Bruder zugekehrte mütterliche Liebe ist, kann und muß ich sie mir gestatten, umsomehr als ich bloß auf diesem Wege den mir so wichtigen Potenzbeweis erbringen kann. Kurzum, ich übe mit Typus Nr. 2 »verstohlene Liebe« aus.

Ob eine Frau zu Typus Nr. 1 oder 2 gerechnet wird, hängt also von gewissen »objektiven« Kriterien wie groß-klein, schwarz-blond, u.s.w. ab, weiters von neurotischem und nicht-neurotischem Verhalten, doch gibt es da allerhand subjektive Verfälschungen, die so weit gehen, daß vorstellungsgemäß eine Frau für mich als blond gelten kann, obwohl mir die Wirklichkeit das strikte Gegenteil zeigt: ebenso ist mir bei Typus Nr. 2 kein ästhetisches Wohlgefallen gestattet, auch wenn es sich, wie ich rational zugeben muß, um objektiv hübsche Frauen handelt. Umgekehrt kann ich bei einer Frau, die aus dem oder jenem Grund zu Typus Nr. 1 gerechnet wird, rational häßliche Gesichtszüge bemerken und sie trotzdem unter die Kategorie »schön« einreihen.

Typus Nr. 1 ist objektiv wie subjektiv Träger der Mutter-Erbschaft und sohin auch all der irrationalen retrospektiven Eifersucht, die einstens der Mutter gegolten hat. Wahrscheinlich ist diese Eifersucht der stärkste Kitt, der mich an diesen Typus bindet. Ansonsten wird – teilweise sogar im Zusammenhang mit solcher Eifersucht – der Typus in seiner Muttererbschaft zum Projektionspunkt aller Sexualverbote gemacht, und dies geschieht umso leichter, als die Frauen, welche ich mir hiezu aussuche, fast durchgehend neurotische, frigide Un-Frauen sind, rationalistische Wesen, denen die erotische Entzauberung ohneweiters gelingt und die sohin jede Impotenz fördern.
Sicherlich besteht hier infolge der Muttererbschaft ein masochistisches Abhängigkeitsverhältnis, ein Masochismus, der mich nicht nur die neurotischen Launen der betreffenden Damen, sondern auch meine quälende retrospektive Eifersucht ertragen heißt. Dieser Masochismus wird dann durch das Schuldbewußtsein des Impotenten verstärkt; ein Un-Mann muß dienen. Andererseits ist diese Impotenz eine sadistische Waffe: tu l'as voulu.[1]

Außerdem ist dieser Sadismus – ob impotent oder potent – Teil einer allgemeinen Rache gegen die Mutter: das Verhalten meiner Mutter hat mir in allerfrühester Jugend die Vorstellung von meiner Liebes-Unwürdigkeit eingepflanzt; noch heute ist es mir unvorstellbar, daß es eine mir zugedachte frauliche Liebe geben könne. Andererseits hat sich meine Wut gegen meine Mutter hiedurch so sehr gesteigert, daß ich, böte sie mir heute noch ihre Liebe an, nur mit einem »Zu spät« reagieren könnte. Und dieses »Zu spät« wird nun auf die Frauen übertragen – ich reagiere auf ihre Liebe mit »sadistischer Flucht«, wie man dies wohl nennen könnte. Bei Typus Nr. 1 vollführe ich die Flucht mithilfe von Impotenz, doch auch bei Typus Nr. 2 werde ich unabweislich zur Flucht gezwungen.

Während ich mir zum Typus Nr. 1 vor allem Frauen aussuche, welche in ihrem neurotischen Gehaben meiner Mutter ähneln, allerdings aber hiebei auch von ästhetischem Wohlgefallen (objektiv berechtigt oder nicht) geleitet werde, suche ich – und womöglich aus noch irrationaleren, noch unterbewußteren, noch unkontrollierbareren Gründen – die Frauen aus Typus Nr. 2 nach ihren »Defekten« aus: es sind dies ziemlich komplizierte Vorgänge, denn einerseits verliebe ich mich (und sogar sozusagen willentlich) in gewisse Defekte, und andererseits schiebe ich sie beiseite, so sehr, daß ich, wie gesagt, vorstellungsgemäß sogar Umfärbungen von schwarz auf blond vorzunehmen vermag. Z. T. mag dieses merkwürdige erotische Verhältnis zu »Defekten« auf die Stellung der Gouvernanten, Hausmädchen etc. zurückzuführen sein: so oft eine neue

Gouvernante erschien, wurde sie von meiner Mutter als Engel geschildert, als ein Engel, den ich »lieb haben« müsse, und meistens nach nicht allzu langer Zeit erfuhr ich, daß der Engel, den ich pflichtgemäß zu lieben begonnen hatte, wegen zwanzig moralischer Defekte – darin war meine Mutter ebenso freigebig wie mit ihrem anfänglichen Lob – unser Haus hatte verlassen müssen. Das Problem der Liebe zu Defekten, resp. das ihrer Beiseiteschiebung war also für ein Kind, das zu beobachten verstand, bereits in vollem Maße gegeben. Und da ich eben von diesen defektuösen Wesen die einzige Liebe meiner Kindheit empfangen habe, scheint dies die erotische Erbschaft geworden zu sein, welche auf den Typus Nr. 2 ausgedehnt wurde; der Defekt wurde zur Potenzbedingung.

Wenn man sich eine Frau nach ihren Defekten aussucht, sei es, um sich an diesen Defekten erotisch zu entzünden, sei es um sie beiseite zu schieben, um sie bei der »Entlassung aus dem Hause« zu mobilisieren (wie es eben meine Mutter mit den Gouvernanten getan hat), so liegt in einer solchen Haltung von allem Anfang an etwas schwer Sadistisches. Ob objektiv berechtigt oder nicht – im allgemeinen aber berechtigt – habe ich beim Eingang einer jeden erotischen Beziehung, also mit Frauen vom Typus Nr. 2, immer auch schon gewußt, daß sie mir entweder ästhetisch nicht gefallen, oder daß sie nicht klug genug sind oder sonstwelche letztlich unverzeihlichen Fehler besitzen, und selbst wenn es solche Fehler nicht gegeben hätte (– aber es gab sie natürlich immer –), es blieb der unüberbrückbare Gegensatz zum – nichtexistenten – mütterlichen Idealbild bestehen. Der »Entlassungsgrund« lag stets parat, und darüber hinaus wünschte und wünsche ich sogar, daß die betreffenden Wesen – genau so machte es die Mutter bei Entlassungen – diese Verabschiedungen als »gerecht« einsehen mögen. Wer nicht hübsch, nicht klug, nicht jung genug ist, der muß seine Entlassung als gerechte Maßnahme anerkennen. Und dies ist natürlich ein Sadismus ärgsten Kalibers.

Sinnliche Bindungen, welche bloß auf einzelne Qualitäten oder gar auf Defekte bezogen sind, anstatt den ganzen Menschen zu umfassen, stehen stets an der Grenze zur Perversität, und ein sich selbständig machender Sadismus hat erst recht die Neigung, ins Perverse umzuschlagen.

Nun ließe sich natürlich auch mit einem solchen Sexualverhalten ganz gut leben, solange es mir und meiner jeweiligen Partnerin Freude bereitet, und unter diesen Umständen wäre es nicht einmal pervers zu nennen. Es macht mir aber keine Freude, vielmehr lastet das Bewußtsein der sadistischen Unerlaubtheit, kurzum des Perversen, unausgesetzt auf mir. Die einfache physische Freude kann eigentlich niemals aufkommen, weil sie, wie gesagt, ins »Verstohlene« gerückt und mit moralischen Skrupeln umstellt ist. Eben an den moralischen Skrupeln entwickelt sich die Perversionsqualität zur Gänze.

U. z. sind diese Skrupel, die natürlich vom Über-Ich diktiert werden, nicht nur von der erotischen »Untreue« bedingt, die ich gegenüber dem mütterlichen Idealbild, also gegenüber Typus Nr. 1, begehe; nein, diese Art der Untreue ist ja seit der Kindheit eine ständige Einrichtung geworden, seitdem mich die Mutter zurückgewiesen und den Ammen, Kindermädchen und Gouvernanten sowie deren Liebe überlassen hat. Nein, die Skrupel haben einen viel aktuelleren und akuteren Grund: die moralischen Forderungen meines Über-Ichs gestatten mir nicht, eine bloße Partialbeziehung zum Nebenmenschen aufrecht zu halten, eine Beziehung, in der er lediglich einem bestimmten Zweck[2] – und sei dieser erotische noch so zärtlich – dienstbar gemacht werde; ich gerate hiedurch in ein maßloses Schuldbewußtsein gegen diesen Menschen, und um solches Schuldbewußtsein zu besänftigen, nehme ich ihm gegenüber Verantwortungen auf mich, die ich nicht erfüllen kann, d. h. ich mache den grotesken Versuch, mich Frauen, die mir – aus diesem oder jenem Grunde, berechtigt oder nicht berechtigt – nicht genügen und nicht genügen können, zur Gänze hinzugeben, also ein Partialverhältnis in das einer legitimen oder illegitimen Heirat überzuführen. Und weil ein derart grotesk unmöglicher Versuch von vorneherein zum Scheitern verdammt ist, wachsen die Skrupel und Gewissensqualen ins Maßlose.

Zugleich setzt aber hier eine zweite sadistische Welle an. Denn daß die Frauen mir nicht »genügen« und nicht die richtigen Partnerinnen für mich sind, ist ja bloß insoweit meine »Schuld«, als ich sie mir ausgesucht habe (oder mich von ihnen habe »verführen« lassen), aber darüber hinaus ist der »Defekt« (und gar wenn er objektiv vorhanden ist) ein ursprüngliches Wesenheitsstück der betreffenden Frau, und daraus entsteht nun die doppelt groteske, doppelt sadistische Forderung nach »Abschaffung« des Defektes oder aber nach Schaffung von Kompensationsqualitäten, damit mein Entschluß zur Vollhingabe sich legitimiere. M.a.W., ich verlange (wenn auch meistens nur innerlich), daß so ein Wesen sich kraft besonderer mystischer Leistungen aus eigenem von Typus Nr. 2 zu Nr. 1 verwandle.

An diesem Punkt muß notwendig der Zusammenbruch der gesamten grotesken Konstruktion erfolgen, und er ist von meinem eigenen Zusammenbruch begleitet, da damit meine Skrupel und Gewissensqualen zu nicht überbietbarer Klimax gedeihen.

Typus Nr. 1 hat als Muttererbschaft vollen Anspruch auf Treue; er ist außerdem mit keinerlei »Verstohlenheit« belastet und könnte demnach von hier aus die Voraussetzungen für eine Dauerbeziehung bieten. Aber nicht nur, daß die Frauen dieses Typus neurotisch, frigide und daher auch zumeist hochgradig sadistisch sind, es wird die Beziehung zu ihnen infolge meiner Impotenz zu einer Hölle, in der ich masochistisch leide. Typus Nr. 2 erlaubt eine normale erotische Beziehung, hat aber keinen Anspruch auf Treue, sondern ist im Gegenteil infolge der Gouvernantenerbschaft auf »Auswechslung« abgestellt, u. z. unter Berufung auf die »Defekte«, an denen sich nicht nur meine erotische Phantasie, sondern auch mein Sadismus entzündet.

Das Ideal einer weißen Ehe, die ich mit einer Frau vom Typus 1 führen kann (als Konkretisierung des Wunschbildes, das ich mir von der elterlichen Ehe gebildet hatte), stammt aus so neurotischen Quellen, daß darüber überhaupt nicht gesprochen werden muß, und ebenso ist das andere Ideal, das ich an diesen Typus knüpfe, nämlich die Herstellung einer vollkommenen Beziehung vermittels unbedingtester geistig rationaler Unität, vollkommen unerfüllbar, da eben die erotische Bindung die erste Vorbedingung für jede Unität ist und bleibt. Eine »Erlösung« ohne erotische »Gnade« ist eine Chimäre.

Hingegen ist die Erlösung zur Normalität, die ich mir vom Typus Nr. 2 erhoffe, infolge der sadistischen Forderungen, wie ich sie an meine Partnerin stelle, ebenso zum Scheitern verdammt. Möge eine Beziehung noch so gut erotisch funktionieren, man kann von keiner Frau verlangen, daß sie ihre »Defekte« aus eigener Einsicht abstreife, ja, noch durch besondere Leistungen überkompensiere. Es mag sein, daß es irgendwo eine Wunderfrau gibt, welche dank besonderer Einsicht, besonderer Liebe, besonderer Klugheit, besonderem Takt imstande wäre, solch neurotischen Forderungen die Spitze zu nehmen und mich eben hiedurch zu »erlösen«, aber im allgemeinen darf jeder Mensch und jede Frau selber die Forderung stellen, mitsamt allen Defekten als das Wesen genommen zu werden, als das es geschaffen ist. Und gerade unneurotische Frauen, wie sie zum Typus Nr. 2 gehören, werden dies tun und tun es. Das Schielen nach Typus Nr. 1 wird ihnen einfach zu bunt.

Von diesen »Erlösungsschwierigkeiten« her ist ein dritter Frauentypus zu verstehen. Typus Nr. 3, der in meinem Leben eine große Rolle gespielt hat und daher aus biographischen Gründen hier erwähnt zu werden hat.

Daß man nicht erlöst werden kann, ohne selber zu erlösen, das war mir wohl von vorneherein klar. Die Frauen vom Typus Nr. 2 sind im allgemeinen gar nicht erlösungsbedürftig, und so ist auch von ihnen nicht viel Erlösung zu erwarten. Die Frauen vom Typus Nr. 1

sind zwar dringlich erlösungsbedürftig, aber ihr neurotisch sadistischer Habitus wehrt sich dagegen; außerdem kann man bloß durch Liebe erlösen, nicht aber
wenn man – wie ich in diesem Fall – impotent ist.
Also mußte mein Unbewußtes nach einem andern Ausweg suchen, und diesen hat es auch gefunden, nämlich
den Spezialfall einer Frau, welche zwar dem körperlichen Habitus nach (blond, arisch etc.) dem Typus
Nr. 2 angehört hat, aber an frigider Hysterie sämtliche
Frauen vom Typus Nr. 1 übertroffen hat.[3] Hier konnte
ich nach Herzenslust durch nahezu 20 Jahre hindurch
erlösen; es wurde zu einer Zusammenkoppelung von
zwei Neurosen und eine sadistisch-masochistische
Hölle. Die Hölle vom Typus Nr. 3.
Heute bin ich zwar von diesem Typus Nr. 3 und jenem
nahezu psychopathischem Erlösungsspiel geheilt, ja, es
ist mir seitdem sogar gelungen – allerdings erst nach
meinem 50. Jahr[4] – die bis dahin starre Inzestschranke,
die vor jeder jüdischen Frau errichtet gewesen war, zu
durchbrechen, so daß die Vorschrift des blonden Arier-
tums endgültig zu Fall gebracht wurde, aber die Hoffnungen, die ich an dieses Ereignis geknüpft hatte,
haben sich nicht erfüllt: die Dinge haben sich lediglich
umgeschichtet, im Prinzip stehe ich nach wie vor
zwischen den beiden Frauentypen meiner Frühjugend,
voller Schuldbewußtsein nach beiden Richtungen hin,
von Treueproblemen wie in der Frühjugend zernagt
und von Gewissensqualen unaufhörlich zerrissen.
Daß dieser Zustand bei einem Menschen im sechsten
Lebensjahrzehnt, der eine wichtige Arbeit zu leisten
hat, nicht anhalten darf, liegt auf der Hand. Es ist ein
fürchterlicher Zustand, freudlos in sich und von ver-

nichtendem Einfluß auf meine Gesundheit und meine Arbeit.

Bevor jedoch von diesen Konsequenzen gesprochen werden soll, muß die eigentümliche Stellung, welche die Arbeit in alldem einnimmt, umrissen werden.

Es versteht sich, daß ein so kompliziertes Spiel der Affektverteilung nicht auf das Erotische beschränkt ist, sondern sich auf sämtliche Lebenshaltungen und -handlungen bezieht. M.a.W., meine gesamte Vorstellungswelt ist durch und durch anthropomorphiert, ja, fast möchte man sagen mythisiert, denn die Übertragung von Personsqualitäten auf Abstrakta erhebt diese in eine deifizierte Sphäre.

Insbesondere wird meine Arbeit solcherart in einen symbolisch mythischen Bereich projiziert.

Ursprünglich gab es zwei Arbeitstypen, nämlich einerseits die erlaubte kommerzielle, die also den Charakter der legitimen Liebe erhalten hat, so daß ich auf diesem Gebiet unausgesetzt mit Potenz-, d. h. Unfähigkeitsschwierigkeiten zu kämpfen hatte, andererseits die von mir geliebte geistige und wissenschaftliche Arbeit, die ich ob ihrer »Illegitimität« – sohin wie alles, dem ich mich potent gewachsen fühle – verstohlen betreiben mußte.

Die beiden Arbeitsbetätigungen spiegeln also die beiden Frauentypen. Und daran hat sich auch nichts geändert, als die kommerzielle Arbeit endlich abgeworfen war. Der Gegensatz wurde sofort auf das Verhältnis der wissenschaftlichen zur dichterischen Arbeit übertragen. Es gibt hier genau die nämlichen Treueprobleme, und wenn auch mein ewiges Vorwärtsgetriebenwerden durch die verschiedensten Erkenntnisgebiete (angefangen mit der Mathematik) weitgehend mit echtem Wissensdurst zusammenhängt, es spiegelt sich darin doch das ewige Suchen nach der »richtigen«, kurzum, nach der erlösenden Frau.

Nun ist es ja tatsächlich so, daß das »Erlöse, um erlöst zu werden« gerade für den Philosophen eine bedeutende Rolle spielt; in aller Philosophie steckt der Trieb zur Welterlösung, und jeder Philosoph erwartet hievon die Erlösung seiner Seele.

In der anthropomorphierten Vorstellungswelt des Neurotikers wird jedoch auch diese Grundhaltung der Philosophie verzerrt. Die »Arbeit«, d. h. die philosophische Arbeit, wird zur mystischen »Frau«, mit der die mit der realen Frau nicht durchführbare vollkommene Union zustande kommen soll, auf daß von hier aus die Erlösung von allem Zwiespalt erfolge. Die Arbeit erhält hiedurch die Position des Frauentypus Nr. 1 und wird hiedurch vor allem mit dem Recht auf »Treue«, wie dies der Muttererbschaft entspricht, ausgestattet. M.a.W., die Arbeit erhält das Recht auf Ausschließlichkeit, und jede andere Beziehung, die daneben eingegangen wird, insbesondere aber jede erotische, fällt unter die Kategorie der »Untreue« und erweckt nun neuerlich den gesamten Gewissenskonflikt. Wo es aber schuldbewußte Gewissenskonflikte gibt, da gibt es auch Strafvorstellungen. Die Arbeit ist zu einer frigiden, eifersüchtigen, sadistischen, rachsüchtigen Muttergöttin geworden, die sich bloß besänftigen läßt, wenn ich tagein, nachtaus in ihrem Dienst frone, ansonsten aber mich mit fürchterlichen Bußen belegt. U. z. sind es die Bußen für jede Untreue, gleichgültig ob ich sie gegen eine lebende Frau, d. h. die Mutter, oder gegen die mythische Arbeitsmutter begangen habe. Grob schematisiert lassen sich diese Bußen etwa folgendermaßen erkennen:

1) *Direkte Strafen*
   a) als Gedächtnisverlust, der so arg werden kann, daß die jeweils geleistete Arbeit von einem Tag zum nächsten vergessen wird;
   b) spasmische Darmkrämpfe, oftmals mit Blutverlust verbunden, die so arg werden können, daß sie mir viele Tag- und Nachtstunden rauben und mich in eine völlige Gedankenunfähigkeit versetzen;
2) *Reinigungsstrafen,*
   die sich aus den vorangegangenen ergeben und z. B. mich zwingen, ein Arbeitsstück, in dem eine Störung vorgefallen ist, ohne Rücksicht auf die bisherige Leistung (die eben durch die Untreue beschmutzt worden ist) einfach wieder von vorne zu beginnen, um den verlorengegangenen Überblick wieder herzustellen. Kurzum, die Göttin verhängt Kastrationsstrafen, die bloß durch schärfste Bußübungen wieder rückgängig gemacht werden können.

Welch grauenhafte Arbeitsverlangsamungen sich hieraus ergeben, braucht kaum weiter erörtert werden. Ich stehe konstant unter einer doppelten Panik: der Panik des Nicht-fertig-werdens und der Panik einer ungenügenden Leistung, und diese letztere treibt mich zu stets weiteren Arbeitsvertiefungen und Nebenstudien, also zu einer neuerlichen Arbeitsverlangsamung.

Betrachte ich diesen komplizierten Arbeitsvorgang mit all seinen Hemmungen, so scheint mir ein Moment am auffallendsten: die Arbeit beginnt mit einem unmittelbaren, lebendigen, fruchtbaren Einfall, und diese Unmittelbarkeit wird durch die verschiedenen Strafmaßnahmen alsogleich tief verschüttet, resp. muß mühselig wieder ausgegraben werden.

Und dies ist auch fast selbstverständlich. Wo sich so viel anthropomorphierte Zwischeninstanzen einschieben, geht überall, nicht nur in der Arbeit, jede Unmittelbarkeit verloren. Und so kenne ich eigentlich überhaupt keine unmittelbaren Beziehungen, weder zu Menschen, noch zu sonstwelchen Lebenseindrücken. Erst aus der Entfernung werden die Dinge plastisch: m.a.W., erst wenn sie ihren mythischen Personifikationscharakter abgestreift haben, werden sie dem Ich wahrhaft einverleibt.

Dies hängt sicherlich mit dem asexuellen und oftmals sogar antisexuellen Charakter des Ichs zusammen, ein Charakter, der bei mir offenbar neurotisch hypertrophiert ist. Wie weit diese Asexualität des Ichs den künstlerischen Menschen, seinen Zwang zur künstlerischen Sicht und zum künstlerischen Ausdruck bedingt, kann hier nicht untersucht werden. Die Größe und Reife des – asexuellen – künstlerischen Altersstils würde für diese Annahme entschieden sprechen. Denn was nicht unmittelbar erlebt wird, das muß nachher im Produktiven nochmals und erst richtig erlebt werden, gelangt hier zu seiner sozusagen zweiten Unmittelbarkeit. Für meine eigene Produktion scheint mir dies unbedingt zu stimmen.

Dies wäre nun allerdings ein Neurosenergebnis, für das

ich dankbar sein müßte. Nur meine ich, daß das nämliche Resultat sich auch ohne Neurose einstellen würde, ja, daß dann meine Arbeitsleistung verdoppelt und verdreifacht wäre. Die Qualen, von denen sie jetzt begleitet wird, erachte ich weitgehend für überflüssig, mehr noch, ich empfinde sie als eine dauernde Selbstzerstörung.

Und dies führt zu den physischen Beeinträchtigungen zurück, denen ich dank meiner Strafmaßnahmen unterworfen bin. Mein physischer Zustand befindet sich in einer Periode rapider Verschlechterung, und wenn es auch ein hysterisch bedingter Verfall ist, es müssen die hysterischen Schädigungen schließlich auch organische nach sich ziehen. Dies gilt ebensowohl für meine Darminsuffizienzen wie für die offenbar davon beeinflußten Hauterkrankungen.

Soweit die Sache psychisch ist, stelle ich damit Selbstmord dar, nämlich innere und äußere Verwesung – Darm und Haut –, aber darüber hinaus ist es tatsächlich ein konstanter langsamer Selbstmord, den ich da verübe, u. z. ist es ein Selbstmord aus Gewissenskonflikt.

Denn Gewissenskonflikte sind die weitaus bestimmendsten Faktoren in meinem Leben, und um ihnen zu entgehen, bin ich immer wieder bereit, auf alles zu verzichten, auf Glück, auf Zärtlichkeit, auf jede menschliche Beziehung, ja, sogar auf die Arbeit und schließlich sogar auf das Leben selber. Und da die Gewissenskonflikte sich immer wieder auf Frauen beziehen, scheine ich mich, wenigstens teilweise, gerade diesen durch Selbstmord entziehen zu wollen: indem ich mich mit

»erniedrigenden« oder ekelhaften Krankheiten – Darm und Haut – präsentiere, will ich offenbar die Frauen veranlassen, eine solche Leiche aufzugeben, so daß ich nicht verantwortungsbeladen und gewissensbedrückt in den Tod zu gehen brauche. Denn Verantwortung bedeutet ja immer Angst vor dem Unglück des andern, und wenn jemand freiwillig oder aus Ekel auf mich verzichtet, so fällt ihm der Abschied leicht. Das »verlassene Mädchen« ist unglücklicher als die »Witwe«, und so treffe ich zwei Fliegen mit einem Schlag, einem moralischen Schlag, indem ich mich mithilfe ekelerregender Krankheiten aus der Welt schaffe. Peinlich hiebei ist nur – d. h. vom Unbewußten nicht einkalkuliert –, daß mir dieser sonderbare Selbstmord wirklich gelingen kann.

Kein Zweifel, es ist ärgste Selbstzerstörung, die ich da betreibe, und fast wäre es ein verzweifelter Sachverhalt, wenn ich nicht, allen Hemmnissen zutrotz, doch noch etwas leistete. Daß ich dies trotzalledem tue, spricht für die Wirksamkeit einer noch vorhandenen und noch ziemlich kräftigen Lebensenergie.

Der Gedanke an eine Wiederaufnahme der Analyse als dem einzigen Mittel, um aus diesem entsetzlichen Wust von Gewissenskonflikten und Zwangshaltungen zu kommen, taucht immer wieder auf. Aber ganz abgesehen von den äußeren Schwierigkeiten einer Analyse, ich habe auch im Hinblick auf sie eine anthropomorphisierende Mythisierung entdeckt, die als ein geradezu unüberwindlicher Analysenwiderstand gewirkt hat und wahrscheinlich auch wieder als solcher wirken würde.

Da nämlich die Analyse (in all ihrer Abstraktheit, nicht einmal in der Person des Analytikers) gleichfalls mit den Funktionen einer mythischen Person ausgestattet wird, d. h. den Funktionen einer mythischen Frau, muß sie notgedrungen sich auch in den unheilvollen Zirkel der verschiedenen »Untreuen« miteinschalten: sie wird selber zu einer »Untreue«, u. z. ebensowohl gegen die jeweilige Real-Geliebte wie gegen die Arbeit und vergrößert hiedurch nun ihrerseits das Schuldbewußtsein und die Gewissenskonflikte in progressivem Ausmaße. Ich habe hiefür ziemlich stringente Beweise gefunden, u. a. auch spezifische Arbeitsschädigungen. Daß hiedurch die Analyse leidet, ja, schier unmöglich gemacht wird, ist evident.

Ich müßte sohin für die Dauer einer erfolgreichen Analyse nicht nur jede Frauenbeziehung, sondern auch jede Arbeit radikal ausschalten, damit die Analyse zur alleinherrschenden Geliebten werde. Die Ausschaltung der Frauen erzeugt aber neues Schuldbewußtsein diesen gegenüber, und die Ausschaltung der Arbeit würde geradewegs in die Panik führen. Ich wüßte nicht, wie man die notwendige Abkapselung ohne diese Gewissensbelastungen erreichen könnte. Paradox und grotesk ausgedrückt: meine Neurose scheint jede Analyse zu verhindern.

Autobiographie als Arbeitsprogramm

Dies ist nur insoweit eine Autobiographie, als damit
die Geschichte eines Problems erzählt wird, das zufäl-
lig mit mir gleichaltrig ist, so daß ich es – wie übrigens
ein jeder aus meiner Generation, der es zu sehen gewillt
gewesen war – stets vor Augen gehabt habe: es ist,
ohne Umschweife herausgesagt, das Problem des Ab-
solutheitsverlustes, das Problem des Relativismus, für
den es keine absolute Wahrheit, keinen absoluten Wert
und sohin auch keine absolute Ethik gibt, kurzum, es
ist das Problem und das Phänomen jenes gigantischen
Machiavellismus, der geistig sich seit etwa fünfzig Jahren vorbereitet hat und dessen apokalyptische Folgen
wir heute in der Realität erleben.[1]

Erste Erfahrungen (1905-1910)

Als ich 1904 die Wiener Universität bezog, um Mathematik und Philosophie zu studieren,[2] erfuhr ich – wie so
viele andere – bestürzt und enttäuscht, daß ich nicht berechtigt sei, irgendeine all der metaphysischen Fragen
zu stellen, mit denen beladen ich gekommen war; ich
erfuhr, daß es keine Hoffnung auf irgendeine Beantwortung gab.

Es war die erste Blütezeit des »wissenschaftlichen« Positivismus[3]: zum Unterschied vom »primitiven« Positivismus[4] des 19. Jahrhunderts, der – geblendet vom
ungeheuren Wissenschaftsaufschwung dieser Periode –
gemeint hatte, bloß sämtliche Wissenschaftserkennt-

nisse kompendieren zu müssen, um zu einer metaphysikfreien Philosophie zu gelangen, ging es nun nicht mehr um die inhaltlichen Wissenschaftsergebnisse, sondern um die Wissenschaftsmethoden, es ging (eben wie in den empirischen Wissenschaften) um die Ausschaltung aller rein spekulativen, also auch aller rein aprioristischen Elemente aus dem philosophischen Bereich, insbesondere aus der Erkenntnistheorie, auf daß nach Beendigung solcher Purifizierung ein einwandfrei gesicherter Realitätsbestand der Philosophie übrigbleibe. Der große Wiener Physiker Ernst Mach[5] stand am Anfang dieser Bestrebungen, der nicht minder bedeutende Ludwig Boltzmann[6] (mein damaliger Lehrer) war zu seinem Nachfolger geworden, doch allenthalben gab es parallele Bemühungen um eine Denkmethodik, es begann die Reorganisation der Logik, es begann die Psychologie, sich reinen Realitätsbeständen zuzuwenden, und wenn auch in Deutschland in Gestalt einer neu-kantschen, einer neu-hegelschen, einer neu-friesschen Schule[7] nunmehr eine Gegenbewegung zur Rettung des gefährdeten klassischen Apriorismus einsetzte, so wurde innerhalb dieser Schulen, beinahe unbewußt, doch weitgehend so etwas wie »Wissenschaftspositivismus« betrieben, d. h. es war alles darauf angelegt, idealistische Ausdeutungen und Auslegungen für die überraschenden neuen Ergebnisse der Naturwissenschaften zu finden, und dies hatte – bei aller Unanfechtbarkeit der philosophischen Grundeinstellung – oftmals einen geradezu dilettantischen Anstrich, weil eben Ausdeutungen und Auslegungen vor der strengeren neuen Methodenlehre nicht mehr bestehen konnten.

84

Immer klarer zeigte sich, daß eine Verständigung zwischen Apriorismus und Empirismus nicht mehr möglich war. Konnte Mach[8] noch auf Kant als das Musterbeispiel für die Anwendung kritischer wissenschaftlicher Methoden auf absolutheitsgerichtete aprioristische Haltungen verweisen, so waren die beiden Gebiete inzwischen weitgehend unvereinbar geworden: der Grund hiefür lag zweifelsohne im Verlust jener Letztaxiome, welche für hundert Jahre als unangreifbare Basis für sämtliche Denk- und Lebenseinstellungen gegolten hatten; die Axiome der christlichen Lebensform hatten während des 19. Jahrhunderts ihre Unbedingtheit eingebüßt, und hiedurch war einerseits für den Aprioristen das Absolutheitsmaterial ganz wesentlich eingeschränkt, während andererseits der Positivist nicht mehr vor den relativistischen Konsequenzen, die sich letztradikal aus seiner Haltung ergeben, zurückzuscheuen brauchte. Und dieser Relativismus machte sich nun auch tatsächlich überall bemerkbar, erst wohl schüchtern und versteckt, wie z. B. in der damals aufkommenden Diskussion zwischen »Naturwissenschaften« und »Geisteswissenschaften«[9], sehr bald jedoch mit aller nur wünschbaren Offenheit: die Wahrheit und damit die Ethik wurden zur pragmatistischen Funktion des praktischen Lebens gemacht.

Für einen jungen Menschen waren dies durchaus recht aufregende Dinge. Denn bei näherem Zusehen wurde es sehr offenkundig, daß es sich hier nicht um bloß universitäre Schulstreitigkeiten handelte, sondern daß diese geistige Zerrissenheit ein erschreckend getreues Spiegelbild des äußern Weltbildes in sich barg: das erste Jahrzehnt des 20. Jahrhunderts war bereits von all der

Spannung und Zerrissenheit erfüllt, die 1914 ihren blutigen Ausdruck finden sollten; nationale, kommerzielle, staatliche, soziale Interessen überkreuzten sich allenthalben und standen allenthalben in gegenseitigem Widerspruch, jedes von ihnen mit der Forderung nach Alleingeltung seiner Wertsetzungen, und nirgends war eine Handhabe zu finden, um diesen Wertrelativismus unter eine objektiv ausgleichende höhere Instanz zu stellen. Und wenn die Jugend – dies war ja gerade ihre metaphysische und ethische Not – bei der Philosophie Rat einholen wollte, so erklärte sich die Philosophie selber in diesen Fragen als unzuständig.

Praktische Arbeit und Kriegsdienstleistung (1910-1919)

Ich war 1908 in die Industrie eingetreten[10], und wenn sich auch meine Interessen prinzipiell nicht geändert hatten, so mußte ich sie nun doch neuen Objekten zuwenden. Ich kann dies nun hinterher lange nicht so sehr bedauern, als ich es damals getan hatte, denn während dieser industriellen Arbeit sind mir einesteils eine Reihe volkswirtschaftlicher Erkenntnisse zuteil geworden, die ich auf anderem Wege kaum erworben hätte, und andererseits war es möglich geworden, wichtige Einsichten in das Verhältnis zwischen Industrie und Arbeiterschaft sowie in das gesamte Sozialgetriebe zu gewinnen. Es waren dies Erfahrungen, die sich späterhin noch ausdehnten, da ich während der zweiten Kriegshälfte und in der darauffolgenden unruhigen Revolutionszeit verschiedene offizielle und halboffizielle Stellungen bekleidete, so in den Kommissionen zur Erhaltung des Arbeitsfriedens usw.; ebenso war ich an der Neugestaltung des Arbeitsrechtes und schließlich an den Bemühungen zur Bekämpfung der Arbeitslosigkeit beteiligt[11], und da Österreich infolge seiner besonders schwierigen Verhältnisse ein gewissermaßen verschärftes, wenn auch verkleinertes Bild der gesamten ökonomischen und sozialen Weltsituation darstellte, so waren jene Tätigkeiten, mit denen ich damals befaßt war, zweifelsohne ungemein lehrreich.

Werttheorie (1916-1928)

Nichtsdestoweniger konnte diese praktische Tätigkeit nicht genügen: gerade weil die praktischen Verantwortungen gewachsen waren und sich nun auch auf die Allgemeinheit erstreckten, hatte sich das Bedürfnis nach theoretischem Verständnis mit verdoppelter Stärke gemeldet. Der Krieg hatte sich als ein sinnloses blutiges Aufeinanderprallen kontradiktorischer Wertsysteme gezeigt, von denen jedes einzelne mit dem Anspruch auf absolute Alleingeltung aufgetreten war; doch dieser Zustand der Wertzersplitterung, Wertzerrissenheit und Wertvernichtung war in Zentraleuropa durch den Frieden keineswegs gemildert, sondern eher verschärft worden; sozialistische, nationalistische, konservative Strebungen kämpften chaotisch untereinander und ließen den Abgrund des Blutgrauens ahnen, in welchen die Welt noch weiter gleiten sollte: angesichts solchen Wertzerfalls war es kein Wunder, daß das alte

Problem der absoluten Werte sich aufs neue und mit aller Intensität anmeldete.

Im Laufe der Jahre war mir – im Gegensatz zur enttäuschten Verblüffung meiner Studentenzeit – manches doch klar geworden und hatte einen konstruktiven Aspekt gewonnen. Inbesondere hatte ich einsehen gelernt,

1. daß nochmals der Versuch unternommen werden mußte, mit streng kritischen Methoden, also eben mit denen des kritischen Positivismus, sich an die idealistische Position heranzuwagen, um solcherart den eigentlich philosophischen, den idealistischen Ausgangspunkt alles Philosophierens zu wahren und zu bewahren, andererseits diesem Philosophieren jene Strenge und Eindeutigkeit zu geben, deren auch die Philosophie bedarf, wenn sie, ihrem steten Ehrgeiz gemäß, Wissenschaft sein will;

2. daß ein sehr großer Teil der solcherart umrissenen philosophischen Arbeit auf eine Phänomenologie des Wertes wird gerichtet sein müssen, und zwar nicht nur, weil die Weltlage nach einer Auseinandersetzung und Neufundierung des Wertbegriffes verlangt, sondern noch weit mehr, weil Philosophie ohne Wertaxiomatik niemals zu betreiben war und daher vor allem eine solche, wenn auch nur in ihrer funktionalen Bedeutung, wieder etabliert werden muß, nachdem die materiale Wertaxiomatik verlorengegangen ist;

3. daß die Philosophie demnach ein wissenschaftliches Realitätsmodell zu errichten hat und daß dies ein Modell des »Wertgeschehens« sein wird, denn jede Wissenschaft versucht, ein Modell des von ihr bearbeiteten Wirklichkeitsausschnittes zu errichten, d. h. sie sucht

einige Wirklichkeitsbestandteile (womöglich ein Minimum) durch einige Operationsregeln (womöglich ein Minimum) derart zu verknüpfen und in Bewegung zu bringen, daß die hiebei entstehenden Funktionen als Wirklichkeitsabbild angesprochen werden können. Auf dieser Basis bemühte ich mich nunmehr, die Grundzüge einer »Werttheorie« zu entwerfen.[12]

Im Aufbau dieser Theorie ergaben sich drei Phasen:
a) *Erkenntnistheoretische Vorbereitung*
In erster Linie mußte gezeigt werden, daß die Scheidung von naturwissenschaftlicher und geisteswissenschaftlicher Erkenntnis oder zwischen diesen beiden und sonstwelchen noch erfindbaren Erkenntnisarten auf Scheingründen beruht, weil es eben nur eine einzige Erkenntnis gibt, deren einheitliche Struktur mit aller wünschenswerten Eindeutigkeit aufgezeigt werden kann. Um mich diesem Problem anzunähern, ging ich von der »Logik der Frage« aus, da eben alle Erkenntnis – unabhängig von der Materie, auf welche sie sich beziehen will – mit einer »Frage« anhebt. Dieser Ansatz erwies sich als äußerst fruchtbar. Denn das »logische Modell der Fragefunktion« (auch hier geht es um ein Realitätsmodell) deckt sich genau mit den »Grenzen logisch-möglicher Erfahrung«, d. h. es erlaubt zu zeigen, wie durch rein logische Operationen eine Erkenntniskategorie aus der andern hervorgeht, kurzum, wie die bisherigen qualitativen Erkenntnisunterscheidungen sich in quantitativ-logische verwandeln lassen und wie bei alldem die Grundstruktur der Erkenntnis unverändert bleibt, und zwar absolut unverändert (soweit mathematische Feststellungen als absolut gelten

dürfen). M.a.W., es ergibt sich die Struktur einer funktionalen Individuation. Und gleichzeitig zeigt sich – wiederum am Phänomen der »Frage« ersichtlich –, daß diese einheitliche Struktur der Erkenntnis als »Wert« betrachtet werden muß, ja daß sich damit auch die logische Struktur des »Wertes« selber manifestiert.

b) *Aufbau des »Wertmodells«*

Die klassische Philosophie liebte eine zwar nicht ganz willkürliche, dennoch unzutreffende Einteilung ihrer Belange, nämlich die Einteilung nach Erkenntnistheorie (»Wahrheit«), Ethik (»Tugend«) und Ästhetik (»Schönheit«).[13] Eine allgemeine Werttheorie hat zu zeigen, daß es sich hiebei um Facetten eines einzigen Phänomens, nämlich das des »Wertes« handelt; hiedurch werden nichtssagende Abstraktionen wie »Tugend« und »Schönheit« vermieden, vielmehr kann wesentlich nüchterner bloß festgestellt werden, daß es »Aktionen« des Ich (oder des Menschen) gibt und daß diese Aktionen stets zu »Resultaten« (zu Weltformungen) führen, daß beide – infolge bestimmter erkenntnistheoretischer Voraussetzungen, die sich ihrerseits in der Wahrheitsfunktion des Denkens begründen lassen – in die Wertkategorie einzureihen sind und daß daher, obschon die Beibehaltung der klassischen Bezeichnungen prinzipiell nicht notwendig ist, die erste unter »ethische«, die zweite jedoch unter »ästhetische« Bewertung fällt, ohne daß die beiden kategorialen Aspekte je voneinander gelöst werden können. Die Wirklichkeitsbestandteile, aus denen das Modell gebaut wird, sind demnach in erster Linie das »ideale Ich« und eine »ideale Außenwelt« (ein Fichtesches Non-Ich[14]); sie sind ferner in der »idealen Zeitlosigkeit des Ich« und in der »Zeitbedingtheit der Außenwelt« (zu der auch der sterbliche Mensch gehört) gegeben. Die Operationsregel, nach welcher sich diese Wirklichkeitsbestandteile verknüpfen, ist als die der »Weltformung« zu erkennen; das Ich ist zu ständigem Wertstreben verhalten, es kann überhaupt nicht anders »handeln«, und hiedurch ergibt sich eine »objektive« Staffelung der Werte, d. h. es wird sowohl die Handlung wie ihr Resultat um so vollkommener dem Wertstreben entsprechen, je größer die zeitbedingten Außenweltsbereiche sind, welche in die Zeitlosigkeit des Ich einbezogen werden, während »absoluter Unwert« überall dort zu konstatieren ist, wo diese Umwandlung bloß scheinbar (denn versucht wird sie stets) vollzogen wird. Gewiß, es ist nicht möglich, ein »Wertthermometer« zu konstruieren, an dessen Skala man ablesen könnte, welche materialen Werte als »besser«, welche als »schlechter« zu gelten hätten, aber es läßt sich mit ziemlicher Deutlichkeit zeigen, daß das Wertstreben gewisse logisch notwendige Typen von Wertsystemen entwickeln muß, von denen die einen »wertgültiger«, die anderen »wertungültiger« sind, umsomehr als der Nullpunkt der Skala immerhin einwandfrei als absoluter Unwert zu agnoszieren ist. In dieser Typologie ist die Unterscheidung zwischen »offenen« und »geschlossenen« Systemen[15] (als Grenzfällen) sehr wichtig, da die Wertgültigkeit mit der Offenheit des Systems zunimmt; es ist zweifelsohne eine Befriedigung, daß Systeme, welche auf die Humanität ausgerichtet sind, auch unter das Kriterium der offenen Systeme fallen und daher den Anspruch auf Absolutgeltung erheben dürfen.

c) *Verifikation des Modells*

Das Modell ist phänomenologisch und nicht psychologisch konstruiert. Seine erste Verifikation hat jedoch im psychologischen Bereich zu erfolgen. Denn ein Modell ist bloß dann sinnvoll, wenn es ständig an der Realität verifiziert wird, und der reale Träger des Wertgeschehens ist der empirische Mensch, ist die menschliche Psyche, in der das Werterlebnis sich realisiert. Das empirisch psychische Korrelat zu den Bemühungen des Ich, die »zeitverfallene« Außenwelt in die eigene »Zeitlosigkeit« einzuverwandeln, ist an den beiden psychischen Polen, nämlich denen der »Ekstase« und der »Panik«, zu erkennen. Es ist nämlich zu vertreten, oder richtiger, es bestätigt sich in der psychologischen Erfahrung, daß das Werterlebnis – seinem Wesen gemäß – aufs engste mit dem Phänomen der »fluktuierenden Ich-Grenze« verbunden ist, d. h. daß jeder Wertzuwachs (auch der scheinbare) als Ich-Erweiterung, hingegen jeder Wertverlust als Ich-Verengung empfunden wird; die positive Richtung dieses Wertgeschehens wirkt aber »ekstasierend«, während die negative »panikisierend« wirkt, so daß damit zwei recht eindeutige Symptome gegeben sind, denn sowohl »Ekstase« wie »Panik« sind weitgehend wohldefinierte psychische Zustände. In gewissem Sinne, zumindest soweit, als Ekstase und Panik die menschlichen Verhaltungen und Handlungsweisen bestimmen, kann man also hier von der Verifikation des Wertmodells im Bereiche der Moralpsychologie, also einer allgemeinen psychologischen Ethik sprechen. Und daran schließt sich die zweite Verifikation als Betrachtung jener »Wertobjekte«, deren Erringung oder Genuß »ekstasierend«, deren Mangel jedoch »panikisierend« wirkt. Es ist gewissermaßen die Verifikation im Bereich einer allgemeinen Ästhetik. Im besonderen kann gezeigt werden, daß die verschiedenen Außenweltformungen (größeren oder kleineren Ausmaßes), welche als »Wertobjekte« anerkannt werden, eine deutlich einheitliche Grundstruktur besitzen, daß diese Struktur immer wieder eine Projektion der ursprünglichen Wertstruktur ist und daß eben hierin das eigentümlich Symbolhafte liegt, das den Wertcharakter auszeichnet. Und es ist die nämliche Struktur, welche logisch, d. h. eben als logische Struktur sich in jedweder »Wahrheit«, nicht zuletzt in den mathematischen Wahrheiten offenbart; damit aber schließt sich der Kreis, da eben auch die Wahrheit als Wert, ja sogar als »Wertobjekt« zu gelten hat. Gerade diese dritte Phase (der Verifikation) darf – so glaube ich – als Erweis für die zentrale Bedeutung einer derartigen Werttheorie im Felde der Philosophie angesehen werden. Denn nicht nur, daß die Verifikation als geglückt betrachtet werden kann (was weitaus weniger wichtig ist, weil jede Verifikation sich durch gewisse »Verschönerungen« der Tatbestände unterstützen läßt), nein, das Wertmodell verifiziert sich nicht nur, sondern es wirkt darüber hinaus auch konstitutiv: m.a.W., es steht für mich außer Zweifel, daß die Einführung des Wertbegriffes, wie er hier gefaßt ist, in den Bereich der Psychologie eben für diese neue Aspekte eröffnet; es kann behauptet werden, daß jedwede Wissenschaft, welche sich mit »menschlichem Verhalten« beschäftigt, sei es nun Soziologie, Geschichtsphilosophie oder sonst irgendeine Disziplin in dieser Richtung, sich es in Hinkunft nicht mehr wird erlauben dürfen, vom Wertbegriff und seinen Konstituanten keine Notiz zu nehmen oder jene Methodologie zu ignorieren, die ihr von der Phänomenologie des Wertes geliefert wird. Die Werttheorie als philosophische Grunddisziplin scheint durchaus die Fähigkeit zu besitzen, befruchtend auf die Empirie wirken zu können, gleichsam als Austausch für die kritischen Untersuchungsmethoden, welche sie selber aus der Empirie bezieht, und damit liegt sie in der Linie aller echten Philosophie, welche sich niemals auf Welt- und Erkenntnisausdeutung beschränkt hat, sondern stets bemüht gewesen ist, ein Wegweiser für den Fortschritt der realen Welterkenntnis zu sein.

Ich habe während der Dekade 1918-1928 von dieser Werttheorie die wichtigsten Partien fertiggestellt, habe jedoch hievon bloß Bruchstücke veröffentlicht; abgesehen von der Geschichtsphilosophie als »Wertmechanik innerhalb des historischen Geschehens«, welche ich in zusammenhängender Form in meine Romantrilogie *Die Schlafwandler* (1. Auflage 1930/32) eingebaut hatte, habe ich mich auf kurze kritische und polemische Artikel zum Thema in Zeitschriften beschränkt. Der Grund für diese Zurückhaltung lag wohl in der Komplexität des Themas und an seiner Ausgedehntheit: sollte das Gesamtgebäude haltbar sein, so hatten sich seine sämtlichen Teile gegenseitig zu stützen, und so hatte ich auch die Arbeit von den verschiedensten Punkten aus gleichzeitig gestartet, in der Hoffnung, solcherart zumindest die Hauptpartien ebenfalls alle glcichzeitig beenden zu können. Heute muß ich bedauern, daß ich die fertiggestellten Stücke nicht sofort veröffentlicht habe, denn von den Manuskripten, welche viele tausend Seiten umfaßt hatten, sind infolge der Hitlerschen Haussuchungen, die während meiner Haft[16] durchgeführt worden sind, doch ziemlich umfangreiche Stücke verlorengegangen; einiges hievon, insbesondere einige wichtige mathematisch-logische Arbeiten, scheinen mir kaum mehr ersetzbar zu sein.

Literarische Tätigkeit (1928-1936)

Wenn es auch – wie ich hoffe – gelungen war, den primitiv-empiristischen Relativismus zu durchbrechen und den Typus des objektiv gültigen Wertes wiederherzustellen, so war damit natürlich noch lange nicht einem ungehemmten Metaphysizismus die Türe geöffnet. Im Gegenteil, gerade die kritische Behandlung des Problems der Wertindividuation zeigte, daß gewisse Grundlagenfragen – deren Beantwortung einstens selbstevident, d. h. religiös selbstevident gewesen war – außerhalb des philosophischen Feldes zu lokalisieren und daher nicht innerhalb desselben zu behandeln sind.

Das metaphysische Bedürfnis läßt sich jedoch nicht zum Schweigen bringen; wäre dies möglich, so gäbe es keine Philosophie, nicht einmal eine positivistische. Und wenn die religiöse Sphäre, in der es seine Allgemeingültigkeit besitzt, verschlossen ist, so muß es dort aufgespürt werden, wo es unauslöschlich und ewig verwurzelt ist, nämlich in der Seele des menschlichen Individuums: der Zugang hiezu war seit jeher die Dichtung gewesen, die Dichtung in ihrer gottsucherischen Mission.

Dichtung legitimiert sich an der metaphysischen Evidenz, die den Menschen erfüllt und zu der sie vorstößt, wenn die rationalen Mittel des Denkens hiezu nicht ausreichen; Dichtung ist stets Ungeduld der Erkenntnis gewesen, und zwar eine durchaus legitime Ungeduld. Dies war wohl der erste Grund für meine Wendung zum außerwissenschaftlichen, literarischen Ausdruck gewesen, doch daneben gab es noch einen zweiten und eigentlich rationaleren Grund, nämlich den der unmittelbaren ethischen Wirkung. Denn jede Philosophie zielt auf ethische Wirkung im praktischen Leben, ist also letztlich in einem reinsten Sinne auf Politik abgestellt; die Werttheorie, wie ich sie aufzubauen versucht hatte, bildet hievon keine Ausnahme, sondern ist sogar als Reaktion auf die Politik und deren machiavellistische Antiethik entstanden, war von der Hoffnung getragen gewesen, dereinst dem Leben und der Politik wieder zu einer ethischen Basis zu verhelfen. Unter andern Umständen wäre diese Hoffnung nicht unberechtigt gewesen, denn oftmals schon war es der Philosophie gelungen, einen weitreichenden Einfluß auf das historische Geschehen zu gewinnen; aber zur Erringung dieses Einflusses hatte es stets eines sehr langen Weges, zumeist einer jahrzehntelangen Ideeninfiltration bedurft, und das Europa von 1928 stand unter einer politischen Hochspannung, die es nicht mehr gestattete, mit jahrzehntelangen Entwicklungen zu rechnen. Wer gehört werden wollte, mußte sich kürzere und direktere Wege wählen als jene, welche durch die Philosophie gegeben waren. Ethische Wirkung ist zum großen Teil in aufklärender Tätigkeit zu suchen, und für eine solche ist das Dichtwerk ein weitaus besseres

Mittel als die Wissenschaft. Dies war der zweite Grund für meine Wendung zur Literatur.

In den Jahren 1928-1935 veröffentlichte ich also meine Romane[17], ebenso ein Schauspiel[18], welches in Zürich 1934 aufgeführt wurde. Alle diese Arbeiten liegen in der Richtung, wie sie von den beiden angeführten Gründen vorgezeichnet gewesen war; sie bemühten sich um exoterische Wirkung mit Hilfe dichterischer Mittel. Insbesondere gilt dies für einen Roman *Verzauberung*[19], der 1935 begonnen, aber infolge der Zeitereignisse nicht mehr völlig fertiggestellt wurde (das Manuskript konnte ich nach Amerika retten); in diesem Roman habe ich versucht, das deutsche Geschehen mit all seinen magischen und mystischen Hintergründen, mit seinen massenwahnartigen Trieben, mit seiner »nüchternen Blindheit und nüchternen Berauschtheit« in seinen Wurzeln aufzudecken, d. h. nicht abzukonterfeien, sondern es auf eine dichterisch einfachste Formel zu bringen, um solcherart das eigentlich Menschliche, wie es aus den Tiefen der Seele und ihrer Naturverbundenheit aufsteigt, zum Ausdruck zu bringen. Meine Hoffnung bei alldem war: die erzieherische Wirkung ethischer Dichtung.

Völkerbundtheorie (1936-1937)

So sehr diese dichterische Betätigung meinen innern Wünschen und Bedürfnissen entsprach, sie wurde neuerdings von den Ereignissen überholt. Hitler hatte die Macht in Deutschland ergriffen, die Nazipropaganda begann mit unwiderstehlicher Präzision in sämtlichen

Grenzländern zu arbeiten, und dahinter stand die Aufrüstung sowie die täglich deutlicher werdende Kriegsdrohung: es waren Mächte, gegen welche mit Beeinflussung eines Lesepublikums nichts mehr auszurichten war. Wer in diesem Augenblick noch etwas gegen Barbarei, Blutwahnsinn und Krieg tun wollte, durfte keine Umwege mehr gehen, sondern hatte sich zu bemühen, sich unmittelbar in den Dienst jener Kräfte zu stellen, welche noch in der Lage waren, sich dem kommenden Unheil zu widersetzen. Wer dies in jenen Tagen nicht tat, der setzte die Sünde der geistigen Arbeiter und Intellektuellen fort, die Sünde des *ivory tower* und seiner Verantwortungslosigkeit[20]; gerade das Deutschland des Jahres 1933 [zeigte], welche Folgen aus der politischen Gleichgültigkeit des geistigen Arbeiters entstehen konnten: hätte Deutschland mehr Männer von der politischen Leidenschaft eines Max Weber[21] gehabt, hätte der deutsche Intellektuelle sich nicht jahrzehntelang vom politischen Geschehen ausgeschaltet, es wäre um die deutsche Demokratie besser bestellt gewesen.

Denn trotz des Vorwurfes der »Weltfremdheit«, mit dem die geistige Arbeit bedacht wird und der schon manchen Intellektuellen dazu veranlaßt hat, sich eingeschüchtert in den *ivory tower* zurückzuziehen, hat diese Weltfremdheit doch immer wieder ins historische Geschehen eingegriffen, und zwar standen ihr hiezu stets zwei Wege, welche allerdings aufs engste miteinander verknüpft sind, zur Verfügung: der erste Weg führt durch die ethische Realität zu den Erfordernissen des Tages, d. h. er gibt diesen Erfordernissen (wie es etwa die französischen Enzyklopädisten[22] getan haben) durch Aufdeckung der in ihnen enthaltenen ethischen Wahrheit die ihnen notwendige moralische Legitimation und moralische Wirkungsmöglichkeit; der zweite Weg führt durch die Dingrealität und entwickelt auf Grund neuer »Realitätserkenntnisse« (als welche z. B. die Marxsche Nationalökonomie[23] anzusprechen ist) neue moralische Haltungen.

Ich bin durchaus überzeugt, daß der Fortschritt der Menschheit wieder seine wichtigsten Impulse von diesen beiden Wirkungsmöglichkeiten des Geistes erfahren wird. Im Jahre 1935 mußte man sich vor allem fragen, wo die praktischen Erfordernisse zu finden seien und wie man daselbst die geistig-theoretische Arbeit würde einschalten können.

Durch ein seltsames Zusammentreffen günstiger Umstände hätte in den Jahren 1934/35 der agonisierende Völkerbund[24] zu einem wirklichen Friedensinstrument (das er niemals gewesen war) im Sinne der Wilsonschen Gründungsidee[25] gemacht werden können. M.a.W., es wäre damals [möglich] gewesen, den Völkerbund zu einer wirklichen Union – nicht viel anders, als wie eine solche heute Cl. Streit[26] vorschwebt – zu entwickeln, und zwar infolge einer besondern Machtkonstellation, denn ohne realpolitischen Hintergrund können keine ethischen Ziele verfolgt werden. Der Schlüssel zur Situation lag damals bei Italien, welches gerne ideologische Konzessionen gemacht hätte, wenn seine berechtigten Ansprüche auf eine kollektive Mandatspolitik in den Kolonien[27] halbwegs befriedigt worden wären; nur widerwillig und gleichfalls unter ideologischen Konzessionen [hat es sich dann] dem deutschen Bündnis zugewandt. Der Völkerbund oder richtiger die Diplomatie der Westmächte in ihrem unheilvollen Schwanken zwischen »Gesinnungsethik« und »Verantwortungsethik«[28] hat diese Gelegenheit versäumt; weder kam es zu den satzungsgemäßen kriegerischen Aktionen gegen Italien (welche vielleicht die diktatoriale Bedrohung ein für allemal gebrochen hätten), noch wurden die unbrauchbar gewordenen Bund-Satzungen, deren ethischer Inhalt bei diesem Anlaß eben sogar hätte verschärft werden können, derart umgewandelt, daß sie Italien das Verbleiben im Bunde ermöglicht hätten.

Es war damals die Gelegenheit, dem Völkerbund und damit der Welt jene »Paktfähigkeit« wieder zu verschaffen, die im Zuge der »Wertzersplitterung«[29] verlorengegangen war; auf diese Paktfähigkeit kam es an, denn ohne sie gibt es keinen Frieden. Doch Paktfähigkeit setzt ein Minimum an ethischer Gemeinsamkeit als Verständigungsbasis voraus.

In meiner Untersuchung über die Möglichkeiten eines haltbaren Völkerbundes[30] bin ich von diesem Problem einer ethischen Minimalbasis ausgegangen. Meine Arbeit gliederte sich in drei Teile, erstens in eine staatsphilosophische Grundlegung, zweitens in den Aufbau der staatstechnischen Konsequenzen, welche sich aus der prinzipiellen Grundlegung ergeben, und drittens in die praktischen Desiderata, deren Durchführbarkeit sich als möglich zeigte.

1. Im staatsphilosophischen Teil wurde nachgewiesen, daß alles Regieren – soferne es den Frieden zu wahren beabsichtigt – auf der Achtung vor der »Würde des menschlichen Individuums« begründet sein müsse und

daß im Entschluß zu dieser Achtung die allgemeine Basis für die neue Paktfähigkeit zu erkennen ist. Dieser Teil gipfelt in der Aufforderung an die friedenswilligen Staaten, welche sich zu dem neuen Völkerbund zusammenschließen wollen, eine »Deklaration zum Schutze der Menschenwürde« zu erlassen und diese ebensowohl in ihren eigenen Konstitutionen und Gesetzgebungen wie im Status des neuen Völkerbundes unterzubringen.

2. Der zweite staatstechnische Teil als Konsequenz dieses Urprinzips der Humanität läßt sich in eine Anzahl von Grundthemen aufgliedern:

a) werden allgemeine regulative Prinzipien (wie eben das Grundprinzip der Menschwürde) akzeptiert, so ist damit auch die Verantwortung umrissen, welche jedes humanitätsgerichtete Staatswesen, insbesondere also die Demokratie, den zur Regierung und Gesetzgebung bestellten Vertretern auflastet, nämlich die Verantwortung der »aktiven Unheilsverhütung«, denn immer ist das Unheil im Gemeinwesen auf Verletzung der Menschenwürde begründet, und alle andern Übel, heißen sie nun Krieg, Verbrechen oder sonstwie, sind Folgen dieses Grundübels;

b) unter dieser Voraussetzung wird es gleichgültig, von wem ein Gebiet regiert wird – »kein Volk beherrscht ein anderes« –, sondern es kommt lediglich darauf an, wie regiert wird, d. h. daß tatsächlich die akzeptierten Grundprinzipien der Humanität allenthalben streng durchgeführt werden;

c) es gibt daher für die Mitgliedstaaten des neuen Völkerbundes keine »reine Souveränität« mehr; jeder

Staat steht in seiner innern Gesetzgebung unter der Kontrolle aller andern, d. h. des Bundes;

d) es gibt keine »verantwortungsbefreiten« Staatsmänner mehr; jeder einzelne Staatsmann ist den akzeptierten Grundprinzipien verpflichtet und kann bei Zuwiderhandeln als »Verbrecher« an der Menschenwürde vom Bund strafverfolgt werden;

e) die Mitgliedstaaten geben demnach gewisse Souveränitätsteile, zu denen nicht zuletzt auch das Rüstungsrecht gehört, an den Bund ab.

Es soll nicht unerwähnt bleiben, daß gewisse Ansätze zu derartigen Einrichtungen bereits in den Statuten des alten Völkerbundes[31] (als Reste des Wilsonschen Entwurfes) enthalten gewesen sind.

3. Schließlich ergeben sich praktische Desiderata, teils als Ausgestaltung des alten Völkerbundprogrammes, teils über dieses hinausreichend. Einige hievon seien angeführt:

a) Einfluß des Bundes auf die Jugenderziehung in den Mitgliedstaaten;

b) zentrale Völkerbund- und Friedenspropaganda, insbesondere als Gegengewicht gegen die fifth-column-Tätigkeit der Aggressorstaaten;

c) gegenseitige Rechtsangleichung für sämtliche Mitgliedstaaten, nicht zuletzt auf dem Gebiete des Sozial- und Arbeitsrechtes;

d) weiterer Ausbau der sozialen Völkerbundinstitutionen, wie denen des Arbeitsamtes, des Büros für geistige Zusammenarbeit, sowie in den Belangen des Rauschgiftvertriebes, des Mädchenhandels, der Sklavereiverhütung usw.;

e) Einrichtung eines Institutes zur Erforschung und Bekämpfung von Massenwahnerscheinungen[32].

Diese Desiderata lassen sich natürlich noch ziemlich weit vermehren, nämlich so weit, als sie sich deduktiv aus den aufgestellten Grundprinzipien ableiten lassen und sich an diesen begründen. Denn jede moralische Institution muß ein logisches Organon darstellen, in welchem jeder Teil sich am Ganzen begründen läßt. Ich stehe auch noch heute zu dieser Arbeit, umsomehr als sie mir als ein Beweis für die praktische Anwendbarkeit meiner Werttheorie erscheint, und ich glaube vertreten zu können, daß sie prinzipiell alles enthält, was man als »Friedensziel« für den heutigen Krieg zu umreißen hätte, vielleicht sogar als *pax americana*, denn da sie den Wilsonschen Gedanken weiterführt, besitzt sie sicherlich einen innern Zusammenhang mit den Grundzügen der amerikanischen Konstitution, insbesondere also mit der amerikanischen Unabhängigkeitserklärung.

Während der Jahre 1936/37 stand ich mit einer Reihe bedeutender europäischer Persönlichkeiten[33] in Korrespondenz, um diese Arbeit zu einem kollektiven Dokument zu machen, welches in einem repräsentativen Schritt beim Völkerbund einzubringen gewesen wäre. Die politische Entwicklung des Jahres 1937 zwang zur Aufgabe dieses Vorhabens; es war sinnlos geworden.
Im Widerspruch zur Meinung mancher meiner Freunde habe ich die Völkerbundarbeit nicht veröffentlicht. Derartige Arbeiten sind an den Augenblick ihrer Verwirklichbarkeit gebunden; nehmen sie hierauf nicht

Rücksicht, so sinken sie zur Utopie eines *wishful think-ing* herab. Und diese Weigerung gegen die Veröffent-lichung wurde überdies für mich persönlich zu einem Glücksfall: wäre die Veröffentlichung erfolgt, so hätte ich das Nazigefängnis, in dem ich mich einige Wochen befunden hatte, kaum mehr verlassen.[34]

Vergil (1937-1940)

Ich hatte meine dichterische Tätigkeit, soweit sie exo-terisch an das Publikum gerichtet gewesen war, zugun-sten der Völkerbundarbeit aufgegeben gehabt, weil ich einsehen gelernt hatte, daß man sich keine Hoffnungen mehr machen durfte, durch eine literarische Publi-kumsbeeinflussung dem historischen Ablauf eine an-dere Richtung geben zu können oder auch nur das Ge-ringste zu solcher Richtungsänderung beizutragen. Aber die innern metaphysischen Impulse zur Dichtung waren trotzdem geblieben, und je unentrinnbarer sich das äußere Geschehen gestaltete – 1937 gab es über die verhängnisvolle Richtung dieses Geschehens keinen Zweifel mehr – desto stärker wurden jene inneren Im-pulse: der Tod war uns, die wir nun gewissermaßen am Rande des Konzentrationslagers lebten, plötzlich so handgreiflich nahe gerückt, daß die metaphysische Auseinandersetzung mit ihm schlechterdings nicht mehr aufschiebbar war. Und so begann ich 1937, bei-nahe gegen meinen eigenen Willen, sozusagen als Pri-vatangelegenheit des eigenen Seelenheiles, mit einem strikt esoterischen Buche, dem *Vergil*.[35]

Theorie der Demokratie (1938-1939)

Das Schicksal, von den Ereignissen immer wieder überholt zu werden – ein Schicksal, das ich in diesen Zeiten allerdings mit sehr vielen teilte und teile –, hatte also auch die Völkerbundarbeit ereilt. Doch so schmerzlich dies in politischer Beziehung war, theoretisch war es eigentlich belanglos. Denn die Völkerbundarbeit wurde automatisch zur Grundlage weiterer staatsphilosophischer Untersuchungen, und diese richteten sich ebenso automatisch auf das aktuellste Problem unseres staatlichen Lebens, nämlich auf das Problem der Demokratie und der Möglichkeit ihres Weiterbestandes.

In der Völkerbundarbeit war der Begriff der »menschlichen Würde« zum Mittelpunkt der Theorie gemacht worden; dagegen zeigte das Phänomen der Diktaturen, daß gerade durch Vergewaltigung der menschlichen Würde sich eine maximale politische Wirksamkeit nach innen und außen erreichen läßt. Ferner zeigte sich, daß die diktatorialen Gebilde direkte Abkömmlinge der Demokratien sind, d. h. daß diese sich weder sachlich noch formal als fähig erwiesen haben, sich gegen diese Vernichtung, die aus ihrem eigenen Schoße emporgewachsen ist, irgendwie zu wehren: der Aufbau einer humanitätsgerichteten Staatstheorie wäre also wiederum nichts als bloße Utopie, wenn sie nicht ein Staatswesen zum Ziele hätte, das von vorneherein gegen die Gefahr einer »legalen« Selbstvernichtung weitgehend gefeit ist und darüber hinaus ein ebenso großes Ausmaß an politischer Wirksamkeit und Beweglichkeit wie die Totalitärstaaten oder sonstwelche Angreifer, deren es immer geben wird, besitzt.

Zuerst einige formale Feststellungen.

Soziale Gemeinwesen, wie Staaten usw., unterscheiden sich voneinander vornehmlich durch die normativen Haltungen, die sie einnehmen. Zumeist lassen sich diese normativen Haltungen an »regulativen Prinzipien« ablesen, die sozusagen wie Operationsregeln für die Funktion des Gemeinwesens wirken. Die regulativen Prinzipien der Vereinigten Staaten und der Französischen Republik sind die naturrechtlich-liberalen Menschenrechte (*unalienable rights, droits de l'homme*[36]); für die Sowjetunion gilt die Marxsche Doktrin, für den Kirchenstaat das katholische Glaubensdogma als regulatives Prinzip, während man bei Diktaturen im allgemeinen nicht von einem wirklichen regulativen Prinzip sprechen kann, es sei denn, daß man den unbedingten vertrauensvollen Gehorsam gegenüber dem Willen des Führers als solches bezeichnen will. Die regulativen Prinzipien treten mit dem Anspruch auf Selbstevidenz auf, und das gibt ihnen ihren Glaubenscharakter; allerdings sind sie in ihrer Anwendung noch von anderen, und zwar in der Tradition, im Volkscharakter usw. begründeten Nebenregeln begleitet, deren Evidenz womöglich noch stärker ist, so daß sie kaum mehr bemerkt wird oder ausgesprochen werden kann. Das komplexe Gefüge der englischen Tradition, welche eine eigene Aufstellung von regulativen Prinzipien für überflüssig erachtet, beruht auf der Wirksamkeit dieser Evidenzen.

Die Verwirklichung der regulativen Prinzipien in der Staatsrealität ist in erster Linie ein formal-technisches Problem, wenn es auch von der Natur der jeweiligen Prinzipien nicht ganz loszulösen ist. Immerhin läßt sich vorstellen, daß die Konstitution der Vereinigten Staaten unter Beibehaltung ihrer Grundprinzipien ganz anders hätte aufgebaut werden können, etwa als Einkammersystem oder sonstwie; die Grundprinzipien sind für ein Gemeinwesen, solange es als solches besteht, unabänderlich; ihre Verwirklichungsform hingegen ist abänderbar, und deswegen sollte Demokratie nicht, wie das immer wieder geschieht, mit den Formen ihrer parlamentarischen Repräsentation verwechselt werden.

Nichtsdestoweniger: gerade die Verwirklichungsform der regulativen Prinzipien deckt den eigentlichen Formalunterschied zwischen totalitären und nicht-totalitären Staaten auf.

Jede Gesetzgebung wird von den Tagesbedürfnissen veranlaßt; ihre Aufgabe ist einerseits die Feststellung des Verhältnisses zwischen Regierung und Staatsbürger (in beiden Richtungen), andererseits die Regelung des wechselseitigen sozialen und ökonomischen Verhaltens der Staatsbürger im Alltagsleben. Die regulativen Prinzipien haben in einigen Ländern, wie z. B. eben in Amerika, den ersten Teil dieser Aufgabe unmittelbar beeinflußt (in Amerika in der »Bill of Rights«[37]), während der zweite Teil der Aufgabe nicht in direktem, sondern nur in indirektem Kontakt mit den regulativen Prinzipien steht: die sich auf den bürgerlichen Alltag beziehende Gesetzgebung spricht nämlich nirgends die regulativen Prinzipien als solche aus, ist vielmehr bloß verhalten, sich nirgends offenen Widerspruch gegen die regulativen Prinzipien zuschulden kommen zu lassen (worüber in Amerika der Oberste Gerichtshof[38] zu wachen hat); etwas kraß ausgedrückt ließe sich sagen, daß im bürgerlichen Alltagsleben die regulativen Prinzipien höchstens ein Objekt oratorischer Anpreisung sind, aber kein eigentliches Rechtsgut darstellen. Wer also nicht gegen die jeweils bestehenden Gesetze verstößt, findet zwischen diesen genügend viele Lücken, um die regulativen Prinzipien ungestraft mit Wort und Tat zu verletzen, also – wie es eben in Europa geschehen ist – die bürgerliche Freiheit mit Hilfe dieser Freiheit zu vernichten.

In Amerika z. B. war die Angst vor der Tyrannis so groß, daß man die regulativen Prinzipien bloß dort positiv in der Gesetzgebung verwendet hat, wo die Freiheit der Staatsbürger gegenüber der Regierung geschützt werden sollte (»Bill of Rights«); hingegen waren die regulativen Prinzipien für das bürgerliche Alltagsleben einfach selbstevident, ja sie waren die eigentliche Form des bürgerlichen Alltagslebens und daher die Demokratie selber, und daher hat niemand daran gedacht, daß es ja notwendig sein könnte, den Staat vor den Bürgern oder die Bürger vor den Bürgern schützen zu müssen, mit anderen Worten, man hat sich damit begnügen dürfen, die regulativen Prinzipien als sozusagen bloß negative Rechts- und Gesetzesquelle zu verwenden.

Das Gegenteil findet im totalitären Staate statt. In Rußland ist die marxistische Theorie ständige Rechtsquelle für beide Gebiete, und genauso wie hier »unproletarisches Verhalten« unter Ahndung gestellt ist, genauso verhält es sich in Deutschland mit jedem »nicht-nationalsozialistischen« Verhalten. Kurzum: im Gegensatz zur nichttotalitären Gesetzgebung fügt der totalitäre Staat seine regulativen Prinzipien als geschütztes Rechtsgut unmittelbar in das Alltagsleben seiner Bürger ein, und zwar so, daß jeder Schritt des einzelnen, jede Relation, jedes Rechtsgeschäft, m.a.W. das gesamte Leben hievon durchtränkt wird. Damit ist die »legale« Vernichtung der regulativen Prinzipien, wie sie insbesondere in den Demokratien möglich geworden ist, rigoros aufgehoben.

Rußland hat zur Durchführung dieser Maßnahmen (Rechtsquelle der regulativen Prinzipien) das Einparteiensystem erfunden, das sich nunmehr auch in den übrigen Totalitärstaaten bewährt. Es ist zweifelsohne das einfachste Mittel, umsomehr als es von einer eigenen Prätorianergarde[39] getragen wird (Funktion der Staatspolizei), doch ist es durchaus nicht ausgeschlossen, daß bei anderen regulativen Prinzipien auch andere Mittel zu deren Durchsetzung gefunden werden könnten. Auch dies ist eine bloß technische Frage.

Sollen die regulativen Prinzipien der Demokratie, wie sie z. B. in der amerikanischen Unabhängigkeitserklärung[40] niedergelegt sind, auf die nämliche Weise erzwungen und geschützt werden? Es ließe sich einwenden, daß regulative Prinzipien eben derart selbstevident sein müßten, daß sie solcher Zwangsmaßnahmen nicht benötigten, ja daß man sie im gegenteiligen Falle lieber völlig aufgeben und durch andere ersetzen möge. Damit eröffnet sich neuerdings die Frage nach der Wertabsolutheit, denn absolut gültige Wertprinzipien sind nicht durch andere zu ersetzen.

Ehe man sich jedoch auf erkenntnistheoretische Grundlagenerörterungen einläßt, hat man den irdischen Aspekt zu betrachten, und da läßt sich ganz einfach sagen, daß die Humanitätsprinzipien der Demokratie zwar wahrscheinlich nicht ihre objektive Gültigkeit, sicherlich jedoch ein Stück ihrer Selbstevidenz im Laufe des 19. Jahrhunderts eingebüßt haben. In den kantonalen Gemeinwesen, aus denen die Demokratie entstanden ist, waren alle Verhältnisse, mögen sie auch manchmal gefährdet gewesen sein, für jeden Einwohner klar überschaubar; er wußte um seine eigenen und ökonomischen Bedürfnisse, nicht minder um die seines Gemeinwesens, und er befand sich hiedurch in einer ethischen Sicherheit, die es ihm erlaubte, auch seine moralisch-seelischen Bedürfnisse zu klarem Ausdruck zu bringen. Nichts stimmt hievon mehr für den Großstadtmenschen des technischen Zeitalters; das lebendige Verhältnis zur Gemeinschaft, in der er lebt, ist ihm weitgehend verlorengegangen, denn die gigantische Staatsmaschine, von der diese Gemeinschaft repräsentiert wird, funktioniert wie ein unheimlich selbständiges, fremdes Lebewesen, das kaum seinen sogenannten Lenkern gehorcht, und die technik-starrenden, technik-erstarrten Millionenstädte, in die das Leben eingefangen ist, sind von technischen und ökonomischen, immer aber gefahrdrohenden Unbegreiflichkeiten erfüllt. Dem Großstadtmenschen sind die Humanitätsprinzipien abhanden gekommen; allzuviel Inhumanität, allzuviel Ungefestigtheit umgibt ihn; er ist in ethische Unsicherheit geraten.

In engem Zusammenhang damit steht das technische Problem der parlamentarischen Demokratie: ein Wähler, der nicht imstande ist, die Interessen seines Gemeinwesens zu überschauen, hat keinen echten politischen Willen, aber noch viel weniger läßt sich ein solcher von einem Menschen erwarten, der sich in ethischer Unsicherheit befindet; die Demokratie als staatstechnische Einrichtung hat sich bisher als unfähig erwiesen, das Problem des politischen Willens innerhalb der neuen sozialen Körper, insbesondere also innerhalb der Großstadt befriedigend zu lösen.

Obwohl die seelische und ethische Unsicherheit der modernen Massenbevölkerung zum Großteil von ökonomischen Gefährdungen bedingt ist – zumindest ist im Ökonomischen fast immer der auslösende Anlaß zu suchen –, so ist der Gesamtaspekt trotzdem ein vornehmlich psychologischer, und nichts ist hiefür bezeichnender, als daß man mit bloß ökonomischen Maßnahmen (auch wenn sie wirkungsvoll sind) den Massen nicht die verlorengegangene Sicherheit zurückzugeben vermag: die Massen befinden sich in einem Zustand, der noch nicht ausgesprochene Panik ist, den man aber füglich mit Vor-Panik bezeichnen darf, da bereits alle Panikelemente, so die Herabminderung der rationalen Urteilskraft, die völlige Gleichgültigkeit gegenüber allen Lebenswerten, die Bereitwilligkeit, sich jedem starken Führerwillen unterzuordnen, etc. deutlichst aufweisbar darin enthalten sind; es ist ein Zustand, der allen Revolutionen, den geglückten wie den niedergeschlagenen, vorausgeht.
Für den Zusammenbruch der europäischen Demokratien war es daher weniger ausschlaggebend, daß sie die ökonomischen Übel bloß mangelhaft zu beseitigen vermochten; weit ausschlaggebender war ihre Unfähigkeit, den psychologischen Aspekt des Sachverhaltes zu erkennen; selber rationale Gebilde, wandten sie sich an

eine nicht mehr vorhandene Ratio und Urteilsfähigkeit, wandten sie sich an den nicht mehr vorhandenen Willen der Massen und mußten daher ohne Respons von diesen bleiben.

Die Diktaturen hingegen haben den eminent psychologischen Inhalt der Frage erkannt; sie haben erkannt, daß die rationalen und materialen Lösungen hinter den seelischen zurückstehen dürfen, daß sie mit Versprechungen (selbst mit unerfüllbaren) überbrückt werden können, daß aber vor allem die ethische Unsicherheit der Massen, sollen diese zur Gefolgschaft gebracht werden, beseitigt werden müsse, und sie haben daher mit einer erstaunlichen psychologischen Einfühlungsgabe vor allem ihren eigenen regulativen Prinzipien zur unbedingt totalitären Geltung verholfen, indem sie sich nicht auf rationale Wahrheit stützten, sondern mit jedem Mittel, zu dem selbstverständlich auch das des Terrors gehörte, die panikisierten Massen zu Affekthaltungen und damit wieder in Aktion brachten: das Resultat war ein Maximum an politischer Wirksamkeit nach innen wie nach außen.

Daß die Totalitärbestrebungen als erste Versuche zur Behebung der Wertzersplitterung aufgefaßt werden können und daß sie deshalb von den (eben durch die Wertzersplitterung) panikisierten Massen als Rettung empfunden und begrüßt werden, gehört schon ein wenig zur Geschichtsmystik und braucht daher nicht weiter ausgeführt zu werden.

Wenn Demokratie weiter- oder wiederbestehen soll – und sie wird es tun –, so wird dies nicht kraft ihrer parlamentarischen Einrichtungen, sondern kraft ihrer regulativen Grundprinzipien geschehen. Die parlamentarische Form (und damit die Konstitution[41]) kann durch geeignetere und modernere Instrumente ersetzt werden, d. h. vor allem durch solche, welche den politischen Willen der Bevölkerung nicht nur besser zu erfassen vermögen, als es das heutige Wahlsystem vermag, sondern auch imstande sind, diesen heute fast völlig verlorengegangenen Willen neu zu erwecken und ihn den Erfordernissen des modernen Lebens anzupassen; eine solche Reform wird sich wahrscheinlich auch als notwendig erweisen, um das seltsame Mißtrauen, mit dem der Wähler die von ihm gewählte Regierung sowie die gesetzgebenden Körperschaften zu bedenken pflegt, endlich wieder zu zerstreuen: doch all dies, d. h. Wiedererweckung des politischen Willens und Wiedererweckung des politischen Vertrauens, ist bloß dann möglich, wenn sich jede konstitutionelle Reform strikt in den Dienst der regulativen Grundprinzipien der demokratischen Humanität stellt; diese Grundprinzipien können wohl ausgestaltet werden, müssen aber als solche unverändert bestehenbleiben, geschweige also, daß sie durch andere ersetzt werden dürfen.

Es kann werttheoretisch gezeigt werden, daß Demokratie, eben infolge ihrer regulativen Grundprinzipien, den »offenen Systemen«[42] zuzuzählen ist und daher auch deren spezifische »Wertgültigkeit« besitzt. Andere Prinzipien, wie etwa das feudale oder aber auch das Marxsche, tendieren zu »geschlossenen« politischen Systemen, da ihre Wertnormung nicht nach funktionalen, sondern nach materialen Gesichtspunkten erfolgt. Hingegen ist Totalitarismus kein unbedingt gültiges Symptom für Systemgeschlossenheit; Marxismus z. B. kann ebensowohl parlamentarisch wie totalitär repräsentiert werden, und das nämliche gilt sogar für den Rassismus, denn die Staatsform als solche ist immer nur technisches Instrument zur Konkretisierung der Grundprinzipien, von denen das Gemeinwesen gelenkt werden soll und die ihm seinen ihm eigentümlichen »Geist« verleihen. Und umgekehrt könnte demnach auch ein »offenes« politisches System, wie es die Demokratie ist, »totalitär« repräsentiert werden, besonders dann, wenn sich hiedurch staatstechnisch vorteilhaftere und modernere Lösungen für die Konkretisierung ihrer Prinzipien finden ließen.

Man wird daher nicht umhinkönnen – und vielleicht gehört sogar ein gewisser Mut hiezu –, die Frage einer »totalen Demokratie«[43] anzuschneiden. Die Demokratie ist durch die ökonomisch-soziale und die ethische Unsicherheit ihrer Volksmassen gefährdet; von dieser Basis aus wurden die europäischen Demokratien zerstört, und zwar unter formaler Benützung der bürgerlichen Freiheit, der es konstitutionell gestattet ist, sich selbst zu zerstören, und zwar durch fortgesetzte – straflose, weil unstrafbare – Verletzung der demokratischen Grundprinzipien im öffentlichen wie privaten Alltagsleben. Das europäische Beispiel zeigt ferner, daß es nichts nützt, gegen diese verschiedenen Übel einzelweise einzuschreiten, sondern daß für sie eine Gesamtlösung hätte gefunden werden müssen: diese Lösung wäre wahrscheinlich die »totale Demokratie« gewesen, d. h. eine Demokratie, welche ihre Grundprinzipien nicht nur als Gegenstand oratorischer Anpreisung verwendet, sondern sie zum lebendigen Rechtsgut des Alltagslebens und aller zwischenbürgerlichen Relationen macht. Auf die amerikanische Legislatur angewandt, würde dies bedeuten, daß diese Verletzung der in der Unabhängigkeitserklärung und Konstitution zum Ausdruck gebrachten demokratischen Grundprinzipien strafbar gemacht werden würde, und zwar wo immer und wie immer eine solche Verletzung erfolgte, also besonders auch, wenn dies in der Relation der Staatsbürger untereinander erfolgte; beispielsweise würde ein »Gesetz zum Schutze der Menschenwürde«, wie es bereits in den Untersuchungen zur Renovierung des Völkerbundes gefordert wurde, durchaus in den Rahmen dieser gesetzlichen (und im übrigen noch weitgehend konstitutionsgerechten) Maßnahmen fallen. Gewiß, es wird noch viele andere Wege zur Wiederkonsolidierung der Demokratie als den ihrer Totalisierung geben – obwohl es vielleicht gerade dieser sein wird, den die Kriegsverhältnisse diktieren werden –, aber welcher immer auch beschritten werden möge, es wird die Demokratie das nämliche psychologische Verständnis in der Behandlung der Volksmassen aufbringen müssen, wie es die jetzt totalitären Staaten mit so großem Vorteil getan haben: in der Seele des Menschen liegt das Gute und das Böse knapp nebeneinander, und genauso wie sie aus ihrer Panik zu Sadismus und Aggression geführt werden kann, ebensowohl kann sie zur Humanität geführt werden. Das Wesentliche bleibt die Wiedergewinnung der psychischen und physischen Sicherheit, und darum wird die Demokratie, bei aller Wichtigkeit ihrer staatsrechtlichen Festigung, sich nach wie vor dringlichst mit diesen Konkretproblemen zu befassen haben, d. h. nicht nur, wie bisher, mit den Problemen der Sozialwirtschaft, sondern nun auch mit denen der Sozial- und Massenpsychologie.

Nationalökonomische Beiträge
zur »City of Man« (1940)

Ich hoffe, meine staatstheoretischen Ansichten dereinst als »Staatsphilosophie auf werttheoretischer Grundlage« zusammenfassen zu können, halte jedoch sowohl aus subjektiven wie aus objektiven Gründen noch nicht den Zeitpunkt hiefür gekommen. Inzwischen war es mir Befriedigung, mit diesen Ansichten an der »City of Man«[44] teilnehmen zu dürfen, also einer Gruppe, die es sich zum Ziele gesetzt hat, eben die Bedingungen für eine Neufestigung des demokratischen Gedankens zu erforschen und von allen Aspekten her zu beleuchten. Soweit es sich hiebei um die außerphilosophisch konkreten Aspekte handelte, bestand mein erster Beitrag zur Konferenz vornehmlich in der Umreißung der ökonomischen Problematik, deren Behandlung als ein Hauptpunkt des gemeinsamen Arbeitsprogramms in Aussicht genommen ist.

Politische Ökonomie verlangt heute in erster Linie nach einer Auseinandersetzung mit dem Sozialismus; der Sozialismus ist eine Realität, er ist es als geistige Macht innerhalb des Proletariats, er ist es als das durch Rußland verkörperte weltpolitische Gewicht, und er ist es schließlich, wenn auch in vager Form, als die neue Ordnung[45], die als englisches Kriegsziel von Millionen erhofft wird. Es darf ferner nicht vergessen werden, daß Demokratie, und zwar gerade in ihren regulativen Grundprinzipien, die allesamt vom Gerechtigkeitsbegriff getragen sind, starke sozialistische Elemente enthält, und daß gerade eine »totale Demokratie« mit ihrer Aufgabe, eben diesen Grundprinzipien zur Vollgeltung zu verhelfen, in eine durchaus klassenkämpferische Situation geraten würde: man braucht sich bloß vorzustellen, was in Amerika geschehen würde, wollte man mit der allen Bürgern gewährleisteten *pursuit of happiness*[46] tatsächlich Ernst machen; man hat durchaus den Eindruck, als ob die »totale Demokratie« bloß mit Hilfe einer Diktatur des Proletariats, also unter Aufhebung der Demokratie durchzusetzen wäre. Das Problem des Sozialismus wird also der Demokratie sowohl von außen wie von innen aufgedrängt.

Warum beugt sich die Demokratie nicht diesen starken Tatsachen? Warum akzeptiert sie den Sozialismus nicht mit offenen Armen? Ist sie wirklich so sehr kapitalistisch verblendet, daß sie weder den sehr weitgehenden theoretischen Richtigkeitsgehalt der Marxschen Volkswirtschaftslehre noch den ihr innewohnenden moralischen Gerechtigkeitsanspruch anzuerkennen vermag? Nun, diese primitive Identifikation von Demokratie und Kapitalismus ist einfach falsch; es läßt sich ebenso primitiv darauf antworten, daß der Kapitalist, wenn es darauf ankommt, den Fascismus zu Hilfe ruft, der echte Demokrat dies aber niemals tun wird, selbst auf die Gefahr hin, hiedurch ins sozialistisch-fascistische Kreuzfeuer zu geraten. Und dieses Kreuzfeuer ist wörtlich zu nehmen, denn sowohl bei einem fascistischen wie bei einem radikal sozialistischen Sieg wird das Exekutionspeloton für die Verteidiger der Demokratie bereitstehen.

Nein, der echte Demokrat kämpft nicht für einen bestimmten Typus der Ökonomie, er kämpft einfach für die Humanitätsprinzipien der Demokratie, und er bekämpft mit äußerster Intensität die Gefahr der

Menschheitsversklavung und eines Terrors, der bereits allenthalben im Kommunismus wie im Fascismus zur Wirklichkeit geworden ist. Er kämpft wahrhaft für die bedrohte Freiheit und Würde des Menschen. Denn er fühlt – zumeist unbewußt, selten bewußt –, daß Freiheit bloß im offenen System der Demokratie, niemals jedoch in einem geschlossenen nach der Art des Marxismus oder des Fascismus dauernd realisiert werden kann.

Für den Sozialisten, insbesondere in seiner kommunistischen Ausprägung (und ebenso für den Fascisten) ist aber just diese demokratische Freiheit eben nichts als pure Heuchelei, ein Luxusgut für den Besitzenden, ein nutzloses Dekorationsstück für den Besitzlosen, da dieser in Wahrheit unter sozialer und ökonomischer Unfreiheit leidet, ja, nicht einmal daran leidet, sondern bloß den Hunger seines Magens spürt: der Kohlengräber wird seine sogenannten bürgerlichen Freiheiten sehr gern für ein tägliches Butterbrot verkaufen, besonders gern, wenn ihm zugesichert wird, daß in Hinkunft auch die bisher Bevorzugten gleich ihm versklavt werden würden. Denn der Mensch braucht ökonomische Sicherheit und er braucht Affektbefriedigung, aber er braucht keine Freiheit; über Freiheit wird einstens einmal gesprochen werden können, wenn die klassenlose [Gesellschaft] eingerichtet und jeder Magen gefüllt sein wird.

Der materialistische Geschichtsdeterminismus mit seinem Anspruch auf unfehlbare Absolutgeltung erlaubt keinerlei Sentimentalitäten; die innere Logik der ökonomischen Abläufe bestimmt alles Geschehen, und der Mensch in seiner Passivität, in seiner Gleichgültigkeit und Kurzsichtigkeit (die ihn zum stumpfen Herden-[tier] werden läßt), beweist stets aufs neue, daß er lediglich Objekt, niemals Subjekt des historischen Geschehens ist. Das proletarische Denken und damit auch die proletarische Politik betrachten sich selber als Teil des ökonomischen Weltgeschehens, und da sie dieses in seiner ganzen Brutalität sehen, sind sie gleichfalls ungeschminkt brutal: ausschließlich mit nackten Realitätstatsachen wird gerechnet, und aus dieser Konkretheit, nicht aus Menschenverachtung (wie z. B. in der Ideologie des Fascismus) resultiert der uneingeschränkte Machiavellismus, der den radikalen Sozialismus sowohl im politischen wie im geistigen Bereich auszeichnet. Dieser harte Machiavellismus wird folgerichtigerweise auch nicht davor zurückscheuen, heute die Demokratie als antikapitalistischen oder zumindest akapitalistischen Bundesgenossen anzuerkennen (wie dies zur Zeit des *front populaire*[47] der Fall gewesen ist), auf daß gemeinsam die demokratische Freiheit verteidigt werde, um bereits morgen, ändern sich die Machtverhältnisse, den Bundesgenossen als kapitalistisch verseucht zu denunzieren und die Volksmassen, für die ein noch so abruptes Umschwenken des Propagandaapparates kaum bemerkbar ist, zum Kampf gegen die verrottete bürgerliche Freiheit aufzufordern. Ein unbedingter Angriffswille steckt in dieser Realpolitik, wie sie da vom Radikalsozialismus, aber auch vom Fascismus getrieben wird, ein Angriffswille, der sich unbarmherzig gegen jegliche Schwäche, gegen jegliche Zweideutigkeit, gegen jegliche Unentschlossenheit richtet – und die Demokratie besitzt von alldem gerade genug – und von vorneherein jegliche Verständigung mit dem Gegner, auch wenn es nur ein vermeintlicher ist, als unkonkretes leeres Gerede verachtungsvoll verschmäht, geschweige denn, daß solche Verständigung im Rahmen »demokratischer Gesinnung«, die gleichfalls ein weitgehend leeres Wort ist, gesucht werden könnte. Die Freiheit verblaßt davor zu einem unkonkreten Gebilde, umrankt von den oratorischen Unternehmungen eines monologisierenden Liberalismus. Und mag es noch so sehr der innersten Überzeugung des echten Demokraten entsprechen, daß jede Schmälerung der menschlichen Freiheit und der menschlichen Würde als ein Schritt zum Menschheitsunheil aufzufassen ist, daß also auch die spärlichen Anteile an der bürgerlichen Freiheit, die dem Pennsylvania-Bergmann[48] oder dem Negro der Südstaaten zugemessen sind, als entwicklungsfähige Keime erhalten und gepflegt werden müssen, so wird dies unter dem unbarmherzig konkreten Aspekt zu bloßer Freiheitsmystik degradiert, zu Luftblasen eines »bourgeoisen Denkens«, das bewußt oder unbewußt die Geschäfte des Kapitalismus besorgt.

Wo aber bleibt bei alldem die ökonomische Auseinandersetzung? Nicht ein einziges ökonomisches Argument wurde vorgebracht, und dies ist kein willkürliches Arrangement, sondern entspricht einer wirklichen Sachlage: man betrachte irgendeine Periode der sozialistischen Literatur, etwa die der letzten Dezennien, und man wird, vielleicht mit einigem Erstaunen, feststellen können, daß beinah die gesamte hier geleistete Arbeit sich auf die politischen Auswirkungen der Ökonomie bezieht und daß fast nichts für ihr eigentliches sachliches Gebiet übrigbleibt. Und so konkret, ja, brutal konkret sich die politischen Überlegungen immer wieder erweisen, es erwecken die rein ökonomischen Auseinandersetzungen, soweit sie sich nicht kritisch mit den kapitalistischen Schäden beschäftigen, immer wieder den Eindruck einer ausgesprochenen Vagheit, unbeschadet der Richtigkeit des Marxschen Ausgangspunktes. Dies sind Feststellungen, die für den Sozialismus zweifelsohne unter die Rubrik »bourgeoises Denken« fallen, aber man muß, wenn es not tut, eben auch manchmal den Mut aufbringen, den Vorwurf eines »bourgeoisen Denkens« auf sich zu nehmen.

Betrachtet man nämlich die ökonomische Seite der anfangs gestellten Frage nach den Gründen, durch welche sich die Demokratie abhalten läßt, den Sozialismus – für den sie im Grunde doch so viel Neigung haben sollte – von vorneherein zu akzeptieren, so muß die Frage präzisiert und erweitert werden: Was eigentlich soll sie akzeptieren? Hier darf die Demokratie die Forderung nach schärferer Konkretheit erheben, denn das Wort Sozialismus ist an sich leer, und selbst wenn man sich – berechtigterweise – darüber einigen wollte, daß damit »profitlose Planwirtschaft« gemeint werden soll, so ist auch diese insolange ein leeres Wort, insolange sie nicht durch konkrete, zahlenmäßig gestützte, detaillierte Wirtschaftspläne exemplifiziert wird. Wo sind diese Pläne? Warum z. B. hat noch keine der amerikanischen sozialistischen Parteien einen solchen ausgearbeitet und dem Kongreß vorgelegt? Hätte der kommunistische Präsidentschaftskandidat[49] auf die Existenz eines solchen Planes hingewiesen, hätte er gezeigt, wie ein solcher Plan wachsenden Wohlstand und wachsende Freiheit für jeden Staatsbürger zuverlässig gewährleistet, er hätte hiedurch einen Stimmenzuwachs erzielt, wie er durch keine noch so begründete Empörung über die politischen Sünden Wall Streets[50] je zu erzielen war oder je zu erzielen sein wird. Warum ist dergleichen noch niemals geschehen, weder in Amerika noch in sonst irgendeinem demokratischen Land? Die Antwort, die der Sozialismus darauf erteilt, ist verhältnismäßig einfach, sogar übereinfach: zwecklos wäre es, mit einem solchen Plan an die kapitalistische Demokratie heranzutreten, es gibt mit dem kapitalistischen Denken keinerlei Verständigung, am allerwenigsten im Sinne einer durchgreifenden Reform des Wirtschaftssystems, und müßig wäre jede Bemühung in dieser Richtung; über den Gesamtwirtschaftsplan kann erst nach Zerschlagung der Bourgeoisie und nach Übernahme der von ihr gehaltenen Machtpositionen gesprochen werden. Man möge sich hiezu erinnern, daß über die Wiedereinführung der Freiheit auch erst in einem sehr späten Zeitpunkt, nämlich erst nach Errichtung der klassenlosen Gesellschaft, wird gesprochen werden können. Ein seltsames Irgendwie und Irgendwann steigt da aus der sonst so realitätsnahen, konkretheitsbesessenen Haltung des Sozialismus auf, ein mystischer Glaube an die Schöpferkraft der »Revolution«, nach deren Durchführung sich alle Probleme gewissermaßen automatisch lösen werden, und am seltsamsten ist es, daß es hiebei gar nicht um ökonomische, sondern um psychologische Hypothesen geht: sowohl die Annahme über das prärevolutionäre Verhalten der Bourgeoisie wie die über das postrevolutionäre des Proletariats sind psychologisch begründet, sind Psychologie des wirtschaftenden und politischen Menschen, aber nicht mehr. Wo immer er nur kann, entwischt der Sozialismus dem rein ökonomischen Gebiet und den (man darf wohl sagen) ihm hier drohenden konkret-sachlichen Auseinandersetzungen. Es ist ein so überaus auffallender Sachverhalt, daß man sich eine weitere Frage vorlegen muß: ist die Aufstellung solch eines umfassenden Wirtschaftsplanes überhaupt möglich? Und man darf die Frage mit gutem Gewissen schlankwegs verneinen: es erscheint ausgeschlossen, die Produktionskapazität einer hochentwickelten Wirtschaft, wie es etwa die amerikanische ist, wirklich in ihren Details (die sich ja unausgesetzt gegeneinander verschieben lassen) einwandfrei festzustellen, und noch weit ausgeschlossener erscheint es, hiezu einen Bedarfsplan der Gesamtbevölkerung theoretisch aufzustellen und nun die Produktionskapazität nach diesem Bedarf einzurichten und aufzuteilen; selbst wenn Hunderte von Wirtschaftsexperten jahrelang mit der Sisyphusarbeit beschäftigt wären, sie kämen zu keinem Ende, und der Sozialismus hat daher ganz recht, daß er sich an diese Grundaufgabe seines Seins (in Erkenntnis ihrer Unlösbarkeit) überhaupt nicht herangewagt hat. Trotzdem kann und soll Planwirtschaft betrieben werden, trotzdem wird sie – in Rußland, in Deutschland – einigermaßen erfolgreich betrieben, und aus beidem ergibt sich die Aufforderung, die Grenzen zu suchen, innerhalb welcher Planwirtschaft möglich ist: nun, sie ist innerhalb von Rumpfwirtschaften möglich, d. h. in solchen, bei denen die Hauptkapazität – wie in Rußland – überhaupt fehlt oder aber künstlich, etwa als Kriegsproduktion – wie in Deutschland –, dem Wirtschaftskonsumenten unzugänglich [gemacht] wird; eine Rumpfproduktion, welche die notwendigsten Lebenserfordernisse der Massen gerade noch mit Müh und Not deckt, muß planwirtschaftlich betrieben werden, weil die Revolte-gefahr sonst unmittelbar vor der Türe steht, und sie kann planwirtschaftlich betrieben werden, weil der dringendste Lebensbedarf, den sie zu decken hat, sich auf »einfache« Güter bezieht und sich daher leicht überschauen läßt. Nun würde es natürlich prinzipiell denkbar sein, die Planwirtschaft auf diesen ihr zugäng-lichen Kern zu beschränken und den Überschuß in alter Form frei weiter zu bewirtschaften, aber nicht nur daß Versuche in dieser Richtung bisher technische Schwierigkeiten ergeben haben (die sich freilich mit der Zeit wahrscheinlich beheben ließen), es will der radi-kale Sozialismus von solchen Mischformen, in denen notgedrungen eine Kapitalistenklasse bestehen bleibt, nichts wissen, und so drängt er – sicherlich oftmals un-bewußt – zur Herstellung von Rumpfwirtschaften, sei es durch Unterstützung kriegsgerichteter Handlungen, sei es durch Entfachung revolutionärer Zerstörungen, auf daß in dem verbleibenden Wirtschaftsrest nunmehr einheitlich das neue System etabliert werden könne. Die große Hoffnung hiebei ist, daß dann aus dem hie-durch geschaffenen Primitivkern sich wieder eine Volkswirtschaft entwickeln werde, genau wie sich das kapitalistische System »natürlich« zu einem halbwegs befriedigenden Gleichgewicht zwischen Produktion und Verbrauch sukzessive entwickelt hat, nur daß es diesmal die Entwicklung eines Gesamtplanes werden soll, der zwar von vorneherein theoretisch nicht auf-stellbar ist, der aber im natürlichen Wachstum sicher-lich allen Wirtschaftsmitgliedern, ja, allen Menschen des Erdkreises die ihnen zukommende ökonomische Sicherheit verschaffen wird. Es ist – sieht man von all dem Leid und all den Zerstörungen ab, die notwendig vorhergehen sollen – eine große und bestechende Hoffnung, indes, auch sie ist weniger auf ökonomischen als auf psychologischen Grundlagen aufgebaut, denn sie setzt voraus, daß nach Schaffung des planwirtschaftlichen Kernes nun desgleichen die Seele sich sozialistisch stabilisieren werde und daß keinerlei Verlockung des wiederkehrenden Reichtums, keinerlei Genuß- und Luxusmöglichkeit den sozialistisch disziplinierten Menschen der Zukunft vielleicht doch noch einmal bewegen könnte, die angeblich letztmögliche Wirtschaftsform und deren Klassenlosigkeit wiederum aufzugeben; eine definitive Seelenstabilität wird da für diese künftigen Wesen imaginiert, eine Stabilität, welche es verbieten soll, je wieder zu den alten Wirtschafts- und Sozialformen zurückzukehren oder zu anderen, vielleicht besseren, vielleicht schlechteren fortzuschreiten, obwohl es in der Zukunft bekanntlich stets Dinge gibt, von denen der jeweils Lebende sich keinen Begriff zu machen vermag.

Eine etwas paradoxe Vermutung steigt aus alldem auf, nämlich, daß der Sozialismus (wie eben wahrscheinlich jede politische Theorie) letztlich überhaupt keine ökonomische, sondern eine psychologische Theorie darstelle: alle seine Aussagen beziehen sich auf seelische Verhaltensweisen des Menschen, und das einzige ökonomische Element darin besteht in der Einschränkung auf den wirtschaftenden Menschen, der ausbeutend oder ausgebeutet unter bestimmte, zumeist hypothetische Verhältnisse gestellt gedacht wird. Vieles spricht für die Richtigkeit dieser – allerdings frevelhaft bourgeoisen – Vermutung, vor allem wohl, daß es durch sie verständlich werden würde, warum bei aller Dogmentreue und all der prophetischen Sicherheit, von der die proletarische Realpolitik getragen wird, es in dieser so viele Irgendwann und Irgendwie gibt, deren Realitätsgeltung kaum viel größer ist als die der liberalistisch-oratorisch angepriesenen bürgerlichen Freiheit, denn diese hat wenigstens den moralischen Vorteil – und es ist dies die moralische Realität der Demokratie –, bis zu einem gewissen Grade, wenn auch noch immer spärlich genug, verwirklicht worden zu sein. Man darf mit Fug behaupten, daß die Konkretheitsbasis dieser Art Realpolitik überaus schmal ist, daß sie eigentlich über das *hic et nunc* nicht hinausreicht, und würde auch eine kommende Weltverelendung zeigen, daß diese schmale Basis der sozialistischen Theorie ausreichend gewesen ist, würde sie also deren Prophezeiungen auch Erfüllung bringen, es ist dies bisher noch nicht geschehen, und so hat die Demokratie unabweislich die Pflicht, erst recht auf ihre eigene Konkretheit, die ihre Angreifer ihr so gerne absprechen möchten, zu pochen und ihr eigenes konkretes Denken zur Überprüfung eben jener Konkretheitsbasen zu verwenden; hier handelt es sich um die Überprüfung der ökonomischen Basis, d. h. um ihre Befreiung von der politischen und psychologischen Verbrämung, mit der sie eben besonders im Sozialismus überdeckt worden ist.

Völlig nüchtern und real betrachtet ist die Marxsche Theorie auf ein einziges Ziel gerichtet: die Menschheit vom Fluche der Wirtschaftskrisen zu befreien, mit dem sie durch die kapitalistischen Mängel beladen ist, und da der Kapitalismus offenbar nicht imstande ist, diesem Übel zu steuern, so muß an seine Stelle ein neues System, eben das der sozialisierten Planwirtschaft gesetzt werden, ein System der ökonomischen Gerechtigkeit, in dem keine Profitgier mehr den Einklang von Produktion und Bedarf stört, so daß steigender Wohlstand für alle verbürgt wird. Und wenn auch manche der Marxschen Annahmen sich im Verlaufe der Entwicklung als unrichtig erwiesen haben (so die der steigenden Profitrate innerhalb der Kapitalskonzentration), unbestritten muß der Weitblick bleiben, mit dem die Krisenentwicklung des industrialisierten und ständig sich weiter industrialisierenden Kapitalismus vorausgesehen worden ist: die Krisen haben sich im Verlaufe des 19. Jahrhunderts immer mehr gehäuft, sie sind immer schärfer geworden, sie haben den ersten Weltkrieg mit verursacht (ohne daß dieser ihnen eine Lösung gebracht hätte) und haben in der Nachkriegsperiode jene übermächtige Stärke erreicht, deren Folge die apokalyptische Weltsituation ist. Daß der Marxismus als Politikum selber zu den Moventien dieser Weltsituation gehört, hat mit der Richtigkeit oder Unrichtigkeit seiner Krisentheorie nichts zu tun.

Die Krisenbehaftung des Kapitalismus, wie sie von Marx konstatiert worden ist, kann heute nicht mehr angezweifelt werden. Und deshalb kann die Demokratie, will sie als solche weiterbestehen, es sich nicht gestatten, sich mit Kapitalismus zu identifizieren oder sich mit ihm identifizieren zu lassen. Andererseits ist sie nicht in der Lage, die Revolutionslösung des Sozialismus zu akzeptieren, erstens weil sie ein offenes und daher evolutionistisches System zu sein wünscht, und zweitens weil sie die Reduzierung auf eine Rumpfwirtschaft, aus der sich erst in weiterer Zukunft (oder wenn das Unglück es will, gar nicht) eine neue, allerdings sozialisierte Vollwirtschaft entwickeln soll, nicht gutheißen kann. Die Demokratie ist daher angewiesen, ihre eigenen Wege zur Krisenbekämpfung zu finden, und sie wird umsomehr hiezu verhalten sein, je mehr sie durch die Weltverhältnisse zur Verwandlung in eine »totale Demokratie« gezwungen werden wird: ohne weitgehende Krisenausschaltung gibt es keine *pursuit of happiness* für jedermann.

Die Krisentheorien des liberal-bürgerlichen Zeitalters[51], die an Richtigkeitsgehalt sicherlich mit der Marxschen Anschauung wetteifern können, geben im allgemeinen keine Anweisung zur Krisenbekämpfung; gleich dem Sozialismus betrachten sie die Krisen als naturgegeben notwendige Krankheit des Kapitalismus, gegen die eigentlich auch mit keiner Medizin – es sei denn, daß kleine Erleichterungsmittel, wie etwa eine feiner abgestimmte Zinsfußgebarung der Notenbanken, als Medizin anzusprechen wären – ernstlich anzukämpfen ist, doch im Gegensatz zum Sozialismus diagnostizieren sie die Krankheiten nicht als tödlich, sondern erwarten, daß der unentwegt gesunde Organismus der Wirtschaft stets aufs neue über sie hinwegkommen werde. Erst die Wirtschaftskatastrophen der letzten Jahrzehnte[52] haben die Legende von dieser unerschütterlich ewigen Lebenskraft einigermaßen ins Schwanken gebracht – obschon die magische Beschwörung »*let business alone*« wahrscheinlich auch noch an der Leichenbahre des gesamten Welt-business ertönen dürfte –, und erst unter Katastrophendruck begann die Theorie sich mit praktischen Lösungsmöglichkeiten für künftige Krisenverhütung zu befassen: ihre Autoren waren und sind zumeist sozialistische Wissenschaftler[53], die sich angesichts der Brüchigkeit des Marxschen Revolutionsdogmas mehr oder minder entschieden von diesem abgewandt und sich einem sozialistischen Evolutionismus zugewandt haben, um solcherart eine sukzessive Überführung des Kapitalismus in die Planwirtschaft zu bewirken. Zweifelsohne wird durch diese Hintanstellung des Revolutionsgedankens und des ihm innewohnenden psychologischen (revolutionierenden) Elementes auch eine Art ökonomischer Purifizierung der sozialistischen Theorie [herbeigeführt], allerdings auf Kosten ihrer praktisch-politischen Wirkungsmöglichkeiten; es mag eine Theorie noch so richtig sein, sie bleibt – und die alten liberalistischen Krisentheorien sind das beste Beispiel hiefür – politisch wirkungslos, wenn die psychische Zündkraft fehlt, d. h. wenn nicht eine Kraft vorhanden ist, welche (wie eben etwa die Revolutionsidee) wesensmäßig die Fähigkeit besitzt, die menschlichen Hoffnungen, und zwar ebensowohl die berechtigten wie die unberechtigten, ebensowohl die erfüllbaren wie die unerfüllbaren, zu erwecken und unaufhörlich weiter zu nähren, um kraft solcher Fähigkeit selber zur »Interessenvertretung« für politisch entsprechend starke Sozialgruppen zu werden. Nur in Ausnahmefällen ist einer rein ökonomischen Theorie solch zündende Wirkung beschieden; dies war z. B. 1932 der Fall, als der Höhepunkt der Wirtschaftskrise den »New

Deal«[54] zum einzigen Retter in der Not machte und sogar weite Kreise der Businesswelt zur Unterstützung der neuen Maßnahmen veranlaßte.

Allerdings, wenn man an die absolute Geltung der ökonomischen Bedingtheit für alles Geschehen glaubt und dies auch auf das psychische Geschehen ausdehnt, so muß man sich fragen, ob die außerordentliche psychische Zündkraft des Kommunismus und Fascismus, die so stark ist, daß sie sogar den Wunsch nach Selbstversklavung zu erwecken vermag, nicht gleichfalls auf ökonomischen Tatsachen beruht: ist die auffallende Übereinstimmung der kommunistischen und der fascistischen Arbeitsverhältnisse nicht auf eine allgemein zu geringe Tragfähigkeit der Wirtschaft zurückzuführen, so daß nur durch eine allgemeine Wirtschaftsversklavung der Massen wieder das Gleichgewicht herzustellen ist? In diesem Falle würde es sich nicht nur um eine politische, sondern um eine ökonomisch begründete Versklavung handeln, doch diese – fürchterliche – Annahme kann bloß widerlegt werden, wenn eine Lösung auffindbar ist, welche zeigt, daß es ökonomisch auch ohne Versklavung abgeht.

Sohin:

erstens, ist es möglich, daß die wissenschaftliche Durchforschung des Krisenphänomens und seiner Historie nunmehr einen neuen (von der kommunistischen oder fascistischen [Lösung] abweichenden) Weg zur Krisenbefreiung zeige?

zweitens, dies vorausgesetzt, ist es möglich, innerhalb der Demokratie politisch genügend starke Sozialgruppen zur Durchführung zu gewinnen?

Das Schicksal der Demokratie ist weitgehend an diese beiden Fragen gebunden; es geht um deren Bejahbarkeit.

Die erste Frage, also die der Krisenerforschung, ist unter allen Umständen (unabhängig von jeder »demokratischen Verwendbarkeit«) aus rein intern wissenschaftlichen Gründen heute mehr denn je eine Hauptaufgabe der ökonomischen Erkenntnis. Denn das Forschungsmaterial ist in den letzten Dezennien ungeheuer angewachsen, und fast ließe sich sagen, daß es – soweit man in einem historischen Bereich von Abgeschlossenheit sprechen darf – heute abgeschlossen vorliegt. Unter der Fülle der Phänomene, die der rückschauende Blick heute in der Geschichte des hochindustrialisierten Kapitalismus zu unterscheiden vermag, ist es insbesondere ein Doppelphänomen, dessen krisenerzeugende Momente zunehmend schärfer zutagetreten: der extensiv betriebene Kapitalismus war im Laufe des 19. Jahrhunderts genötigt gewesen, sich immer mehr und eindeutiger der Marktbewirtschaftung zuzuwenden, und diese Nötigung war in erster Linie von der stürmischen Entwicklung der Technik verursacht worden; nicht nur daß die Technik, abgesehen von der neuen Güterfülle, die sie hervorgebracht hat, eine völlige Umstellung der Erzeugungsmethoden bedeutete, sie hat auch eine völlige Umlagerung der Produktions- und Konsumptionsmärkte vorgenommen, und dieser Prozeß geht unaufhaltsam weiter, mehr noch, muß unaufhörlich weitergehen, da ja eben die hiedurch verursachte intensive Marktbewirtschaftung nun ihrerseits rückwirkend die Technik zu neuen Leistungen anspornen muß. Von den Nebenwirkungen dieses Prozesses, wie Exportstockungen oder schubweise Überproduktionen, die früher als Hauptgründe der Wirtschaftskrisen gegolten hatten, soll hier ganz geschwiegen werden, denn weitaus wichtiger will es erscheinen, daß jenes Doppelphänomen der intensiven Marktbewirtschaftung und der hypertrophierten Technik von allem Anfang an den Keim des Rentabilitätsverlustes in sich getragen hat: es sei bloß auf die Abkürzung der Amortisationszeiten hingewiesen, die sich aus dem Zwange zur Einführung stets neuer Rationalisierungsmethoden in den Industrieanlagen ergeben, und dies bezieht sich nicht nur auf die Industrie als solche, sondern auch auf das ganze Gebiet der »Produktionsverwaltung«, zu der u. a. auch die gesamten modernen Stadtanlagen mit ihrer unübersehbaren Vielfalt ökonomisch-technischer Einrichtungen gehören. Hier überall ist das Rentabilitätsprinzip – das zentrale Prinzip des Kapitalismus – ins Schwanken geraten, hat die Anlagen mehr oder minder »wertlos« gemacht (zumindest börsenmäßig), veranlaßt das mobile Kapital, sich aus der Produktion zurückzuziehen und zur unverzinsten Hortung zu werden, kurzum zeitigt all die schweren Unsicherheitssymptome, die das Wesen der Krisen ausmachen; die Produktion, die einesteils dem Konsum mit stets billigeren Gütern dienen muß, andernteils vom Konsum den eigenen Lebensunterhalt zu beziehen hat, ist mit der Krise in die Phase der »Profiterzwingung« getreten (und dies macht sie nebenbei zum Mitverursacher des Fascismus).

Es könnte den Anschein haben, als ob mit zunehmender Fadenscheinigkeit des Rentabilitätsprinzips es für das herrschende Wirtschaftssystem kein anderes Schicksal als das von Marx[55] vorausgesagte mehr gäbe: die letzten noch lebendigen Teile dieses unheilvollen, unheilstiftenden Systems müssen nunmehr vernichtet und durch das sozialistisch-planwirtschaftliche ersetzt werden. Dies ist freilich wiederum politisch und nicht rein ökonomisch gedacht; denn wollte man rein ökonomisch denken, so muß man sich sagen, daß das planwirtschaftliche Moment – über dessen Durchführbarkeit bereits an anderer Stelle hier gesprochen wurde – ganz zu Unrecht in die Diskussion getragen wird: es gibt nämlich in der Wirtschaft keine »heiligen Prinzipien« (bloß in der Ethik gibt es solche), auch im sogenannten Kapitalismus gibt es sie nicht, am allerwenigsten kann das Prinzip der Amortisation und Verzinsung als heilig gelten, und wenn sich die Wirtschaft nicht nach ihnen richten kann, so muß sie sich eben nach anderen richten; der Verzinsungsverlust des Finanzkapitals, heute als Krankheit der Wirtschaft gewertet, kann auch als Vorbote einer neuen Wirtschaftsphase begrüßt werden, in der es, wie einstmals im Mittelalter, überhaupt keine Finanzverzinslichkeit mehr geben wird. Manche Theoretiker verlangen bereits heute nach entsprechenden Maßnahmen, und würden oder werden diese einmal durchgeführt werden, so wird dies eine so völlige Umwandlung des Geldcharakters sowohl in funktionaler wie in psychischer Beziehung bedeuten, daß der Verzinsungsanspruch des Geldes bald zu den unverständlichsten Begriffen der Vergangenheit gehören dürfte; hiezu gesellt sich als zweiter finanzieller Veränderungsprozeß, ebenfalls in seinen Ansätzen bereits erkennbar, der Schwund des psychisch so wichtigen Sicherheitskoeffizienten im Geldbesitz, ein Schwund, der nicht zuletzt durch das

Aufkommen neuer Sicherheitsfaktoren bedingt [ist]: auf der einen Seite sind die Gemeinschaftseinrichtungen, die dem öffentlichen Wohle und der Obsorge für das Individuum gewidmet sind, zu einem früher ungeahnten Umfang angewachsen und dehnen sich unausgesetzt weiter aus, und auf der andern Seite ist das Versicherungswesen zu einer Institution geworden, die immer weitere Teile des sozialen Lebens, ja, sogar der sozialen Verwaltung erfaßt. Hält man all diese Momente zusammen, so zeichnet sich hinter ihnen ein Zukunftsbild ab, sicherlich nur ein hypothetisches Bild mit undeutlichen Konturen, dennoch erahnbar als das einer »*entkapitalisierten Privatwirtschaft*«: es wäre dies eine Wirtschaftsform, welche in ihrem Hauptvolumen nach wie vor auf freier Privatinitiative beruht und daher hiefür auch das Profitprinzip aufrechterhält; daß daneben wesentliche Wirtschaftsteile profitlos von öffentlichen Körperschaften oder vom Staate bearbeitet werden, kann nicht als Charakteristikum einer Entkapitalisierung gelten, da ja das nämliche inmitten des Kapitalismus geschieht; hingegen ist der Bruch mit dem Verzinsungsprinzip zu diesen Charakteristiken zu zählen, denn die damit verbundene Einschränkung der Hortungs- und Verwendungsmöglichkeiten der erzielten Profite rollt das ganze Problem der amortisierbaren Investitionen und Erneuerungen auf, und für viele, die gewohnt sind, daß die Kreditwürdigkeit einer Investition nur von einer Bank und ja von keiner andern Stelle geprüft werden darf, wird das Gespenst der staatlichen Wirtschaftsregulierung und der aufgehobenen Wirtschaftsfreiheit daraus aufsteigen. Doch wie immer die Entwicklung vor sich gehen und welche Formen sie auch immer annehmen wird, ihr Ziel bleibt das der zunehmenden Krisenbefreiung, und dies kann nicht durch bloß fiskalische Maßnahmen geschehen, etwa durch geeignete Profit- und Zinsversteuerungen, sondern erfordert eine konstruktive Lösung, und diese kann bloß gefunden werden, wenn die im jetzigen Wirtschaftszustand bereits enthaltenen Keime zur Krisenbefreiung systematisch zur Vollentfaltung gebracht werden. Der »New Deal« z. B. weist in ähnliche Richtung, und was ihm notwendigerweise zugestoßen, das wird notwendig desgleichen allem zustoßen, was in dieser Richtung liegt: es wird von rechts als Kommunismus, von links als Kapitalismus denunziert werden; und man darf wohl den Schluß daraus ziehen, daß es sich hiebei um Bemühungen handelt, die sich vom kapitalistischen wie vom kommunistischen Bereich gleich weit entfernt halten, d. h. einen rein ökonomischen und damit wahrhaft demokratischen Weg zur Krisenbefreiung ohne vorhergehende Wirtschaftszerstörung und ohne Menschenversklavung zu finden. Ob man das vieltausendjährige privatwirtschaftliche System mit all den vielfachen Formen und Moralen, durch die es hindurchgegangen ist, einheitlich Kapitalismus nennen darf und soll, ist eigentlich gleichgültig angesichts so viel Wandlungs- und Anpassungsfähigkeit, die sich bisher jedenfalls besser, fast möchte man sagen »natürlicher« bewährt hat als alle planwirtschaftlichen Experimente und daher eigentlich recht viel Aussichten hat, sich auch in der Zukunft weiter bewähren zu können, Schritt um Schritt sich weiterverwandelnd, vielleicht jetzt einer entkapitalisierten Privatwirtschaft zustrebend, sicherlich aber auch diese einmal hinter sich zurücklassend: darauf aber kommt es an; denn wenn auch die Wirtschaft kein eigentliches Wertsystem darstellt, es ist die Wirtschaftserkenntnis, von der sie begleitet und gestützt wird, ein Teil des großen offenen Wertsystems und für dieses gibt es bloß ewigwährenden Fortschritt, aber keinen Endzustand. Nur geschlossene Systeme maßen sich – wahnhaft – an, einen endgültigen Erfüllungszustand auf Erden schaffen zu können.

Demokratie ist kraft ihrer ethischen und erkenntnismäßigen Werte ein vollgültig offenes Wertsystem im politischen Bereich, und darauf ist es wohl zurückzuführen, daß echt demokratische Tradition, wo immer sie besteht, sich gegen geschlossene politische Systeme, wie sie vom Kommunismus und Fascismus repräsentiert werden, hartnäckig zur Wehr setzt. Die Idee einer entkapitalisierten Privatwirtschaft ist heute bloß eine hypothetische Annahme, doch sicher ist, daß Demokratie sich bloß mit einem Wirtschaftssystem befreunden kann, das ohne diktatorische Voraussetzungen, also ohne Rechts- oder Linksdiktatur zu bestehen vermag. Indes, damit befinden wir uns bereits inmitten des Geltungskreises unserer zweiten Hauptfrage, nämlich der nach der politischen Wirkungsmöglichkeit einer rein ökonomischen Bewegung, der es mangels eigener politischer Machtziele auch eigener psychisch-politischer Zündkraft ermangelt. M.a.W., es genügt nicht, daß eine ökonomische Bewegung den demokratischen Traditionen entspricht, es genügt nicht, daß sie sich gegen Fascismus und Kommunismus kehrt und sich gegen deren drohende Wirtschaftseingriffe behaupten will, es genügt nicht, weil nur sehr wenige Demokraten auch nur einen Finger für sie rühren würden, wenn ihr eigenes ökonomisches Interesse nicht Förderung von ihr erhoffen könnte, und sie wird daher bloß dann politisch sich selbst verwirklichen können, wenn sie – dieses Gesetz der materialistischen Geschichtsauffassung bleibt auch für sie aufrecht – mit einem Großteil der ökonomischen Interessen des Landes, womöglich mit deren Hauptvolumen so deutlich zu identifizieren ist, daß die hinter diesen Interessen stehenden Sozialgruppen vollzählig zu ihrer politischen Unterstützung aufzurufen sind. Wo also sind die Interessen, welche diese spezifisch demokratische Wirtschaftsbewegung wahren will? Welche Sozialgruppen will sie zur Unterstützung aufrufen? Gegen welche glaubt sie sich wenden zu müssen? Und hier muß nun doch der Versuch unternommen werden, zwischen Kapitalismus (mit dem Demokratie fälschlich auf Gedeih und Verderb identifziert wird) und Privatwirtschaftstum (an das Demokratie, wenigstens bisher, tatsächlich gebunden zu sein scheint) zu unterscheiden: gefühlsmäßig macht wohl ein jeder diese Unterscheidung, und man könnte wohl behaupten, daß z. B. die überwiegende Masse der schaffenden Menschen Amerikas recht wenig an dem herrschenden Wirtschaftssystem, in dem sie ihre Geschäfte betreiben, auszusetzen haben, es sei denn daß sie die sogenannten »Auswüchse« des *big business* gern beseitigt sehen möchten, sicherlich ohne sich dabei klarzuwerden, daß sie mit ihrer Zustimmung eben die Privatwirtschaft, mit ihrer Ablehnung jedoch den Kapitalismus meinen. Allein nicht nur der »kleine Mann«, der sich der »guten alten Zeiten« erinnert und deren Rückkunft unter Abschaffung des lästigen *big business* erhofft, wird von der unbehaglich schwelenden Zwiespältigkeit der Wirtschaft betroffen, nein, es liegt hier ein Widerstreit vor, der durch das gesamte System geht und auch noch dort, wo es sozusagen am kapitalistischsten ist, zum Ausdruck kommt: es kann kein Zweifel darüber herrschen, daß innerhalb der kapitalistischen Gesellschaft, und zwar eben sogar in der Klasse der sogenannten Ausbeuter, grundlegende Gegensätze in der Art der Weltanschauung, in der Art der Geschäftsführung, in der Art der Stellungnahme zum Kapitalismus nachzuweisen sind; es ist dies jener Gegensatz, welcher beispielsweise in den Differenzen zwischen Mittel- und Schwerindustrie, zwischen Kleinfarmer und industrialisiertem Großagrarbetrieb, zwischen dem selbständigen Unternehmer und dem eigentlichen Finanzkapital besteht, und es kann demnach auch kein Zweifel darüber herrschen, daß im Zuge einer wirklich geordneten Krisenbekämpfung sich Neugruppierungen innerhalb der kapitalistischen Klasse vollziehen müssen. Solange die Krisen vorübergehende Erscheinungen gewesen sind, war es möglich (wie dies noch bei Marx geschehen ist), die Kapitalistenklasse als einheitliches Ganzes aufzufassen; die große Krise[56] im Jahre 1932 hat hingegen mit aller Deutlichkeit die Ansätze zu einer beginnenden Spaltung gezeigt, und zwar läßt sich mit einer gewissen Simplifikation sagen, daß sich hiebei zwei Hauptgruppen unterscheiden lassen, nämlich einerseits jene, welche an der Aufrechterhaltung der alten kapitalistischen Form unter der Führung des Finanzkapitals interessiert sind, während auf der andern Seite sich klar jene Gruppen abscheiden, denen lediglich die Aufrechterhaltung der privatwirtschaftlichen Arbeit, jedoch gerade unter Ausschaltung der Domination durch das Finanzkapital, am Herzen liegt. Wäre der »New Deal« (von seinen Initialmängeln abgesehen) seit 1932 nicht unaufhörlich durch außenpolitische Katastrophen in seiner Ausgestaltung gestört worden, es hätte sich wahrscheinlich im Zuge seiner Krisenbekämpfung immer deutlicher gezeigt, daß das Produktionskapital zunehmend »antikapitalistisch« geworden wäre, um seine privatwirtschaftliche Selbständigkeit dauernd zu bewahren; die Ereignisse haben diese Neugruppierung verhindert, aber sie haben damit auch in die Art der Krisenbekämpfung eingegriffen, denn die Einheit von Produktions- und Finanzkapital ist gegen ihre innere Krisenentwicklung machtlos und wird daher zwangsläufig zu den Gewaltlösungen des Fascismus getrieben, obwohl deren Trügerischkeit sowohl in politischer wie in ökonomischer Beziehung – das nationalsozialistische System beispielsweise enthält Elemente, die man ohneweiters in eine »entkapitalisierte Privatwirtschaft« eingliedern könnte – bereits mehr als wohlbekannt geworden sind. Doch Trug und Wahrheit sind in einer kriegsverdunkelten Welt, in der nur noch die Scheinblüten der Kriegswirtschaft leuchten, wohl nicht mehr auseinanderzuhalten; blasser denn je ist heute die Hoffnung auf eine demokratische Lösung des Wirtschaftsproblems, stärker denn je sind die Verwirklichungsmöglichkeiten für eine Rechts- oder Linksdiktatur, für eine zumindest jahrzehntelange Versklavung des menschlichen Geistes und der menschlichen Arbeit inmitten einer allgemeinen Weltverelendung, und bliebe uns unter solchem Aspekte noch etwas zu wünschen übrig, so wäre es nur, daß es nicht die fascistische, sondern die sozialistische Form werden würde, denn diese ist, allem machiavellistischen Überbau zum Trotz, der Funke der allgemein humanen Gerechtigkeit eingesenkt, und der ist unverlöschlich.

Nichtsdestoweniger: heute besteht noch die Demokratie, und die freie Forschung besteht unter ihrem Schutze, sie beide offene Systeme, sich gegenseitig bedingend und beide auf die objektive Wahrheit ausgerichtet; nichts darf sie also hindern, bis zum letzten Atemzug weiter ihrem Ziel zuzustreben, denn die Wahrheitserkenntnis hat um ihrer selbst zu erfolgen, auch wenn es in der äußeren Welt keinerlei Lebensmöglichkeit mehr für ein offenes System und keinerlei Realisierbarkeit für die Wahrheit mehr gäbe, weil im gegebenen Augenblick die Wahrheit durch ein geschlossenes System »reguliert« worden ist: für die Erkenntnispflicht kann dies keine Rolle spielen und tut es umsoweniger, als jedes geschlossene System über kurz oder lang den Punkt seiner logischen Sättigung erreicht und mit diesem Augenblick auseinanderfällt, oder richtiger, vom eigenen Wahn zersprengt wird.

Die Demokratie besteht heute noch. Und die Hoffnung auf einen Zusammenbruch der Totalitärstaaten, die Hoffnung auf die Selbstzersprengung ihrer geschlossenen Systeme unter Kriegsdruck ist noch nicht erloschen. Kommt es aber dann zum Aufbau einer neuen Welt, dann wird – mehr denn jemals bevor – die objektive wissenschaftliche Wahrheit gehört werden müssen; insbesondere wird dies für die ökonomische Erkenntnis gelten, denn es wird nicht zuletzt auch um den Aufbau einer neuen Wirtschaftsordnung gehen.

Einer Vereinigung, wie es die »City of Man« ist, können also in diesem erhofften künftigen Wiederaufbau sehr wichtige Aufgaben zufallen, nicht zuletzt eben auch im volkswirtschaftlichen Gebiete. Alles was hier vorgetragen worden ist, wurde unter dem Zeichen der Hypothese gesagt, ist eher Frage als Feststellung, und ich maße mir auch nicht an – trotz mancher Vorarbeit[57] –, diese Fragen lösen zu können. Aber ich kann mir vorstellen, daß eine kollektive Zusammenarbeit von Fachleuten sehr weittragende Ergebnisse zu den hier angerissenen Problemen der Krisentheorie, des Sozialismus, der Planwirtschaft und ihres Verhältnisses zum »New Deal« wird zeitigen können. Gelänge eine solche Klärung des Krisenproblems, so wäre es eben die demokratische Klärung, d. h. [diejenige], welche aus der Suche nach wissenschaftlich objektiver Wahrheit resultiert, und sie wäre der demokratische Weg zur Rettung der panikisierten Massen aus jener Wirtschaftsunsicherheit, vor der sie jetzt Schutz bei den Diktaturen suchen. Zwischen der kommunistischen und der fascistischen Lösung wäre es der ersehnte »dritte Weg«[58], der Weg ohne Versklavung, der amerikanische Weg, und sein Ziel wäre der Wiederaufbau einer zerrütteten Welt.

Massenwahntheorie (1939 und 1941)

Auf dem ganzen bisherigen Problemweg durch die Gebiete der Staatstheorie, der Politik und der Wirtschaft hat es kaum eine einzige Strecke gegeben, auf der wir nicht Fragen der Massenpsychologie begegnet wären.

Daß der Massenpsychologie ein solch zentraler Platz in der heutigen Welterkenntnis zugemessen werden müsse, war mir schon seit langem klar, freilich zuerst nur als Vermutung. In meine 1937 verfaßte Völkerbundarbeit hatte ich den Wunsch nach einem Institut zur Erforschung von Massenwahnerscheinungen aufgenommen[59], denn es wäre die Pflicht des Bundes als Hüter des Weltfriedens gewesen, all die von den Diktaturen propagandistisch entfesselten, wahnhaften Aggressionen – der Antisemitismus war bloß ein Beispiel unter vielen – höchst wachsam zu verfolgen, da sie allesamt bereits den Keim zu Friedensstörungen in sich trugen. Dies gilt heute – obzwar oder weil wir uns nun im Kriege befinden – wohl ebensosehr, wie es damals gegolten hatte. Doch über dieses Gebiet praktischer Anwendbarkeit hinaus hat sich meine Vermutung von der zentralen Stellung der Massenpsychologie für die politische Erkenntnis immer mehr erhärtet, ja, eigentlich vollinhaltlich bestätigt.

Meine Untersuchungen hiezu waren wiederum vom Geschichtsrelativismus ausgegangen, und zwar von den Fragen: Wie ist es möglich, daß immer wieder offenkundige, von jedermann einsehbare Unwahrheiten zu Wahrheitswürde aufsteigen können, um sich in solcher Würde, wenn auch nicht dauernd, so doch für sehr lange Perioden zu behaupten? Wie ist es möglich, daß offenkundige Wahnsinnshaltungen und Anormalitäten für lange Perioden als »normal« gelten konnten und wahrscheinlich immer wieder dies tun werden? In diesen Fragen war bereits die Aufforderung enthalten, auch für sie – genau so wie es für die Frage nach der Existenz absolut gültiger »Werte« in meiner Werttheo-

rie geschehen war – nach objektiven Kriterien zu fahn-
den, welche für die Phänomene des »normalen« und
»anormalen« Verhaltens zur Anwendung gebracht
werden können. Für physische »Gesundheit« und
»Krankheit« werden derartige Kriterien ihrem Material gemäß von Biologie und Medizin geliefert: für
geistige Erkrankungen sind solch empirisch-objektive
Kriterien nicht vorhanden, und dies hat zur Folge, daß
zur Klärung auf eine erkenntniskritische Phänomenologie dieser Begriffe zurückgegangen werden muß.
Die Antwort, welche da von der Erkenntniskritik erteilt wird, erscheint mir bedeutsam genug: wiederum
auf das Schema der »offenen« und »geschlossenen« Er-
kenntnissysteme[60] im Gebiete des Denkens, resp. auf
die analogen Wertsysteme im Gebiete menschlicher
»Haltungen« zurückgehend, kann gezeigt werden, daß
den ersten stets »normales«, den letzten jedoch stets
»abnormes«, d. h. wahnbehaftetes Verhalten zugeord-
net werden darf. Soweit ich dieses Ergebnis an der
psychopathologischen Literatur kontrollieren konnte,
scheint die Kategorisierung mit der medizinischen Be-
obachtung in Einklang zu stehen. Allerdings, unbeschadet allen Entdeckerehrgeizes würde ich nicht zu
behaupten wagen, es müßte nun das Einteilungssche-
ma nach geschlossenen und offenen Systemen auch als
diagnostisches Instrument verwendbar gemacht werden können; es ist bloß eine erste Kategorisierung,
wenn auch eine mit einigem Wahrscheinlichkeits-
gehalt, und soll daher vorderhand auch nur dazu dienen, für das »psychische Modell«, in dem die Wahn-
erscheinungen ihren Platz haben, ein erstes Gerüst zu
errichten.[61]

Nachwort des Herausgebers

Donquijuanjote: Hermann Broch über sich selbst

1. *Zwischen Arbeitsprogramm und Selbstanalyse*

Hermann Brochs favorisierte Form autobiographischen Schreibens war der Brief. Mit Hilfe der zahllosen erhalten gebliebenen Briefe des Autors – viele seiner Korrespondenzen sind schon publiziert worden[1] – läßt sich seine Biographie nahezu lückenlos erschließen. Diese Rekonstruktion seiner *vita* aufgrund der Briefe betrifft in erster Linie den äußeren Lebensablauf: die Beziehung zu Freunden bzw. Freundinnen, zu Schriftstellerkollegen, Verlegern und Institutionen, die wechselnden Aufenthaltsorte in Österreich bzw. im amerikanischen Exil, die Intentionen, die seinen dichterischen und denkerischen Arbeiten zugrunde lagen sowie die Nähe, die er zu bestimmten Denkern bzw. Richtungen der europäischen Geistesgeschichte empfand. Andere Varianten autobiographischen Schreibens, wie etwa das Tagebuch, kommen bei ihm kaum vor. Einmal in seinem Leben hat Broch sechs Monate lang ein Diarium geführt. Das war während der zweiten Jahreshälfte von 1920. Aber hier handelte es sich um eine Mischform, um ein Tagebuch in Briefen für seine Freundin Ea von Allesch (TTA). Eine Autobiographie im klassischen Sinne – wie sie z. B. mit Goethes *Dichtung und Wahrheit* vorliegt, und wie sie Brochs Freund Elias Canetti[2] mit der dreibändigen *Lebens-*

geschichte verfaßte – hat der Autor nicht geschrieben. Konturiert wird in solchen Dichterbiographien das dialektische Ineinander von kultureller Umgebung und familiärer Situation, von gesellschaftlicher Prägung und individueller Entwicklung, von vorgegebener Realität und privater Absicht, von herrschenden Diskursformationen und subjektiven Identitätskrisen, von historischen Brüchen und eigenen Sinngebungen, von dominanten Schreibweisen und persönlicher Ästhetik.[3] Im Nachlaß von Hermann Broch fanden sich zwei autobiographische Schriften aus den Jahren 1941 bzw. 1942/43, d. h. aus der Zeit seines amerikanischen Exils. In diesen Dokumenten wird das, was klassische Autobiographien zu vermitteln suchen, auseinandergerissen: Das erste Dokument mit dem Titel »Autobiographie als Arbeitsprogramm« (KW 10/2, 195 ff.) von 1941 will lediglich »die Geschichte eines Problems« erzählen, d. h. es befaßt sich mit dem »Zerfall der Werte«, also Brochs primärem denkerisch-dichterischem Thema.[4] Das zweite Manuskript, das »Psychische Selbstbiographie« (DLA, YUL) überschrieben ist und 1942/43 entstand, will gleichsam die psychologische Meta-Erzählung zu Brochs privatem Leben abgeben. Bezeichnend für Broch ist, daß er dieses Dokument als Anlage Briefen an zwei Freundinnen beifügte.

In der »Autobiographie als Arbeitsprogramm« zeigt Broch, wie er seit seiner Jugend vom Problem des ethischen Relativismus umgetrieben wird, wie er in seinen werttheoretischen Studien der zwanziger Jahre, in seinen dichterischen Arbeiten der Vorkriegszeit und seinen politischen, ökonomischen, menschenrechtlichen sowie massenpsychologischen Analysen im Exil sich in immer neuen Ansätzen mit diesem Thema auseinandersetzt. An Aktualität haben diese Überlegungen nicht eingebüßt. Seine werttheoretischen Studien über die (bis zur gegenseitigen Unverständlichkeit und Bekriegung gehende) Segmentierung, Fragmentierung und Ausdifferenzierung gesellschaftlicher Lebensbereiche in der Moderne; seine juristischen Vorschläge zum internationalen Schutz der Menschenwürde und der Menschenrechte; seine politischen Thesen zu den an den Menschenrechten orientierten regulativen Prinzipien der Demokratie sowie seine wirtschaftswissenschaftlichen Erörterungen zum Mischungsverhältnis von freier Ökonomie und staatlicher Planung innerhalb offener, auf den Schutz individueller Freiheiten bedachter politischer Systeme: mit all diesen Themen berührt Broch Fragen, die auch die großen gesellschaftlichen und politischen Auseinandersetzungen unserer Zeit bestimmen. Von seinem Privat- und Innenleben aber erfahren wir in der »Autobiographie als Arbeitsprogramm« nichts. Diese Ausblendung der persönlichen Lebensumstände geht hier so weit, daß sich das Dokument in eine Abhandlung über aktuelle politisch-menschenrechtliche Fragen seiner Gegenwart[5] verwandelt und schließlich in ein abstraktes massenpsychologisches Traktat mündet, das ganz eigenständig ist, und das der Autor separat veröffentlichen wollte. Auch die familiäre Situation bleibt ausgespart, und die spezifischen sozialen und politischen Umbrüche in Österreich und Deutschland werden nur angedeutet. Die »Autobiographie als Arbeitsprogramm« ist aber insofern von Interesse, weil Broch hier so deutlich wie sonst nirgendwo die innere Logik seines Gesamtwerkes, den ethischen, wirkungsbetonten roten Faden verdeutlicht, der sein Œuvre durchzieht. Autobiographien sind subjektive Sinnentwürfe, sind – als Rekonstruktionen – vor allem Konstruktionen. Einen Eindruck davon, wie anders Broch seine Autobiographie hätte entwerfen können, erhält man, wenn man seine biographische Schrift *Hofmannsthal und seine Zeit* (KW9/1, 111-275) liest. Hier nämlich liegt der gelungene Versuch einer Darstellung des dialektischen Ineinanders von persönlicher künstlerischer Entfaltung und allgemeiner Kulturgeschichte vor.[6]

Das extreme Gegenteil der »Autobiographie als Arbeitsprogramm« ist die ein Jahr später verfaßte »Psychische Selbstbiographie«. Auch hier vermißt man so ziemlich alles, was man gemeinhin mit einer Autobiographie verbindet. Im Grunde geht es um eine Vorschule der Autobiographie, um die Skizzierung eines psychischen Mechanismus nämlich, dessen Kenntnis einen in die Lage versetzen soll zu verstehen, warum sein Lebenslauf diese und keine andere Richtung nahm. Broch, der sich in seinen philosophischen Schriften und dichterischen Arbeiten vor allem um die Herausarbeitung der Meta-Ebenen bemühte – seine Studien zur Politik verstand er als »metapolitische« Arbeiten (ABB,18) –, geht es in diesem Dokument darum, hinter der Oberfläche der äußeren Lebensvorfälle die Operationen seiner Psyche auszuloten, jene seelischen Vorgänge zu erkunden, die das Verhalten seiner Persönlichkeit in sich wiederholenden sozialen Situationen steuern. Broch wird dabei mehr zum Autoanalytiker als zum Autobiographen. Wie von außen versucht er mit dem Blick des Psychoanalytikers seine Seele zu sezieren. Das benutzte Vokabular (Ich, Über-Ich, Es, Unbewußtes, Kompensation, Sublimierung, Rationalisierung, Trauma, Neurose, Hysterie, Narzißmus, Kastration, Inzestverbot)[7] zeigt, daß sein analytisches Instrumentarium Freud und seiner Schule verpflichtet ist. Die besondere Rolle, die in diesem Text das Thema Inferiorität und deren Kompensation spielt, weist auf die Psychologie Alfred Adlers hin.[8] Mit Freuds Werken war Broch vertraut. In dem Jahrzehnt vor der Emigration war er bei Hedwig Schaxel-Hoffer und während des Exils bei Paul Federn – beide gehörten der Freud-Schule an – in psychoanalytischer Behandlung (PML). Eine persönliche Freundschaft verband Broch in der Zeit nach dem Ersten Weltkrieg mit Alfred Adler (TTA). Die »Psychische Selbstbiographie« ähnelt allerdings eher einer vorläufigen analytischen Erkundung als einer definitiven Diagnose. Wenn auch der Eindruck entstehen mag, daß Broch sich über bestimmte Traumata und deren Auswirkungen sicher ist, so räumt er doch ein, daß er den »gemeinsamen Nenner« zum Verständnis seines Seelenhaushalts nach wie vor nicht gefunden habe, daß es auch »andere traumatische Erlebnisse« und »andere Neurosewurzeln« gibt, die er noch nicht bezeichnen kann, daß das »Initialtrauma« bzw. die »eigentlichen Traumen« noch nicht aufgedeckt seien, daß das Schema, das er entwirft, nicht ohne »Simplifizierungen« auskomme. Vom Wahrheitsgehalt der Freudschen Psychoanalyse war Broch überzeugt; eine kritische Distanz zu ihr besaß er nicht. Obgleich er in seiner »Psychischen Selbstbiographie« zeigt, wie wenig ihm die analytische Behandlung bisher geholfen hat, meint er, daß er der Psychoanalyse die

Einsichten in seinen Seelenmechanismus verdanke und daß, sobald der »goldene Schlüssel« nur gefunden sei, eine heilversprechende Therapie denkbar wäre. Man bekommt bei der Lektüre dieses Textes den Eindruck, als sei Broch ein Gefangener im Netz der Freudschen Vorstellungen geworden, als zwänge er Regungen, Verhaltensweisen, Reaktionen seiner Psyche immer wieder auf das Prokrustesbett der Freudschen Theorien. Wenn er selbst den analytischen Begriff des »Amphitryonismus« prägt, hofft er, daß man ihn in das »psychologische Arsenal« aufnehmen werde, d. h. er will nicht den Freudschen Terminologie-Apparat sprengen, sondern lediglich erweitern. Broch vergleicht das »neurotische Gebäude« seiner Seele mit einer »auf die Spitze gestellten Pyramide«. Die Spitze (das bisher nicht eruierte »Initialtrauma«) sei so »verschwindend nadeldünn«, daß sie wohl »überhaupt nicht mehr erhaschbar«, d. h. erkennbar sei.

2. Sokrates und Platon im Über-Ich

Die »Psychische Selbstbiographie« endet mit dem Hinweis, womit die »Autobiographie als Arbeitsprogramm« beginnt: mit der Konstatierung der »apokalyptischen Zeit« des Zweiten Weltkriegs. Ist die »Apokalypse« im »Arbeitsprogramm« Anlaß zur Konzentration auf die Problemstellung seiner »Generation«, will er in der »Selbstbiographie« durch die Diskussion der »privatesten Probleme« ein »seelisches Ordnungmachen« einleiten, um damit – ungehindert durch neurotische Abhaltungen – seinen »Beitrag zur Abwehr«

des »Unheils«, wie es sich in Hitler inkarniert, leisten zu können. Den Rahmen seiner autobiographischen Aufzeichnungen gibt die Berufung auf eine Arbeit ab, die immer Brochs letzte Legitimationsbasis bleibt. Wie sehr er aber unter diesem Arbeitsjoch, unter dem Rechtfertigungszwang, der ihm von permanenten Leistungsforderungen auferlegt wird, leidet, zeigt seine »Psychische Selbstbiographie«. Leistungs- und Arbeitszwänge scheinen sogar der Analyse, die er zur Heilung für unerläßlich hält, im Wege zu stehen. Um eine »erfolgreiche Analyse« zu gewährleisten, müsse er eigentlich »jede Arbeit radikal ausschalten«, sich ganz auf die psychische Behandlung konzentrieren. »Ausschaltung der Arbeit« jedoch würde zu solchen »Gewissensbelastungen«, zu solchem »Schuldbewußtsein« und zu solcher »Panik« führen, daß eine Verschlimmerung seines seelischen Krankheitszustandes die unweigerliche Folge wäre. »Paradox und grotesk ausgedrückt«, hält der Autor resigniert fest: »Meine Neurose scheint jede Analyse zu verhindern.«

Im Stil Freuds fahndet Broch in der »Selbstbiographie« nach Kindheitserlebnissen,[9] die seinen Lebenslauf verständlich machen sollen. Zwei Ereignisse bzw. Erlebnisbereiche hält er für besonders prägend: zum einen die verweigerte »mütterliche Liebe«, zum anderen die Entdeckung seines »Ich«. Das erste Erlebnis wirkte traumatisierend und tendenziell suizidal, das zweite dagegen heilend und bewahrte ihn vor weiteren Selbstmordgedanken. Die Nichtliebe der Mutter war für Broch unlösbar verknüpft mit der »Niederlage« gegenüber »dem Vater wie dem Bruder«. Seine ödipalen Bedürfnisse (den Vater zu erschlagen und die Mutter zu lieben) wurden gleichsam dadurch im Keim erstickt, daß der Vater die beherrschende Rolle in der Familie unbestritten behielt und die Mutter ihm ihre Liebe versagte, ja ihn durch Zurücksetzung und Verachtung verletzte. Als besonders schmerzlich empfand Broch die Tatsache, daß der Vater dem jüngeren Bruder gegenüber sich nachgebend zeigte, und die Mutter diesen mit ihrer Liebe geradezu verwöhnte. Daraus habe bei ihm eine »grauenhafte Eifersucht« resultiert; die »Eifersucht gegen Vater und Bruder« habe ihn »als Kind beinahe getötet«. Die »Eifersuchtshaltung« sei als »ständiger Schmerz« sein »ganzes Leben hindurch« bestehengeblieben. Vater und Bruder, die sich die mütterliche Liebe teilten, hätten ihn entsprechend als »Un-Mann«, als »impotent« betrachtet. Seit der Kindheit seien deshalb das Empfinden der »Liebes-Unwürdigkeit« und »Impotenz-Vorstellungen« Grundbestandteile seines Gefühlslebens geblieben.

Im Gegenzug dazu aber – und auch dieses positive Erlebnis habe sich tief in seine Seele eingeprägt – habe ihm, dem neunjährigen Kind, die Entdeckung des »Ich« das »Sublimierungs-Erlebnis« schlechthin beschert.[10] Er sei sich nämlich dadurch nicht nur seiner »Einsamkeit bewußt« geworden, sondern habe erkannt, daß sein »denkendes Ich« eine »echte Realität sei«, während die gesamte Umwelt »traumhaft« erscheine und ihre Realität durch sein Ich erhalte. Broch bezeichnet sein kindliches Gewahrwerden des Ich als das »platonische Erlebnis«. Nach Platon (siehe sein Höhlengleichnis)[11] vermitteln nur die Begriffe wirkliches Wissen. Sie beziehen sich auf ein Objekt, doch kann dieses Objekt nicht identisch mit der sinnlichen

Vorstellung sein; es muß sich auf ein übersinnliches Objekt beziehen: die Idee. Die Begriffe sind Abbilder der Ideen. Broch verstand sich immer in dem Sinne als »platonischen Philosophen«, als er meinte, vom Ich her »eine neue Realwelt« aufbauen zu müssen, d. h. Begriffe zu erarbeiten, die das »Traumhafte« und »Irreale« der ihn umgebenden Welt durchsichtig machen hin auf die »eigentliche« Realität. Sein »ganzer Lebensablauf« sei seit dem kindlichen Erlebnis der Entdeckung des Ich »gewissermaßen ins Platonische gerückt«, d. h. es gelinge ihm seitdem, zu »tieferen Realitätsschichten« vorzustoßen. Es sei, als werde die »fixe Hinterwand« der »ersten Realität« weggenommen, wodurch sich ihm eine »Tiefendimension« mit »stets neuen Hintergründen« eröffne. Ziel dieses »Platonismus« sei, das »letzte Realitätssein« am »Grund aller Träume« zu erfassen. Das Kindheitserlebnis der Ich-Gewahrwerdung vermittelte ihm das Gefühl, »Weltenschöpfer« zu sein, gab ihm eine »›beweisbare‹ Daseinsfestigkeit« und damit ein Antidoton gegen seine »Minderwertigkeitsgefühle« als »Un-Mann«, ein »Gegenmittel« zu den »vorhergegangenen kindlichen Selbstmordwünschen«.

Das Drama seiner Seele, so führt er aus, bestand seitdem im Kampf eines grandiosen Gefühls von »Weltschöpfertum« gegen das deprimierende Empfinden von »Impotenzvorstellungen«. Diese Seelenmechanik sei in einer konstanten Wechselwirkung befangen geblieben: So wie ihn die »fürchterlichen Inferioritätsgefühle« zur »Überkompensation« durch »Leistung« und »Askese« trieben, so riefen die seinem kritischen Über-Ich nicht genügenden Arbeitsleistungen wiederum die Ohnmachtsempfindungen, ja sogar das Gefühl, ein »Hochstapler« zu sein, auf den Plan.[12] Nicht genug mit den denkerischen Leistungen, die ihm sein Platonismus abverlangte, forderte ihm das nach Superleistungen lechzende Über-Ich auch eine »Verantwortungshaltung« ab, die, ausgehend von »der gesamten Familienverantwortung«, sich zu einer »allgemeinen Menschheits- und Wahrheitsverantwortung« ausgedehnt habe. Broch betont, daß die »Impotenz«, von der hier die Rede ist, immer nur »imaginiert« war, daß ihr weder im dichterisch-denkerischen, noch im geschäftlichen und auch nicht im sexuellen Bereich Faktizität zukam. Im Gegenteil, auf allen diesen Gebieten habe er wegen des in seiner Frühkindheit ihm eingepflanzten Minderwertigkeitsgefühls ständig »Überpotenz« und »Überleistung« demonstrieren müssen. Broch gibt der Vermutung Ausdruck, daß seine Situation wahrscheinlich kein Sonderfall sei, meint, daß er diesen Mechanismus mit anderen »produktiven Menschen« gemein habe, »angefangen mit Plato«. Erst die »imaginierte Impotenz« provoziere den »philosophischen Menschen« dazu, »tiefere Wahrheiten« zu erkennen, und die Einsicht in neue Wahrheiten berechtige ihn zu Großprojekten wie »Bekehrung« und »Erlösung«. In diesem Zusammenhang ist es wichtig, den Hinweis auf Sokrates zu beachten, den Broch in seiner »Psychischen Selbstbiographie« unterbringt. In anderen eine ihm verwandte »Sokrates-Seele« zu »entdecken« bzw. zu »entwickeln«, hält Broch für das Ziel seiner Suche nach »tieferen Wahrheiten«. Damit ist zum einen gemeint, daß er wie Sokrates – nach der Überlieferung durch Platon im Dialog *Phaidon* – gegen den unreflektierten Gebrauch von Begriffen arbeitet, indem er zur Wahrheitsfindung die dialektische Methode einer Bewegung zwischen Wesen und Einzelerscheinung entwickelt. Zum anderen ist hier aber auch das Sokrates zugeschriebene Eingeständnis wirklichen Nichtwissens (»Ich weiß, daß ich nichts weiß«) mitzudenken. Wie Sokrates, ausgehend vom eingestandenen Nichtwissen, Schritt für Schritt die Möglichkeiten fundierten und überprüften Wissens erkundet, um letztlich zu zeigen, daß es tatsächlich gesichertes Wissen geben kann, so scheint Broch von der zunächst eingestandenen Ohnmacht, der sogenannten »imaginierten Impotenz«, auszugehen, um im Gegenzug dazu herauszufinden, was die tatsächlichen Möglichkeiten von Einflußnahme und Wirkung, d. h. von Macht sein können. Seine Wirkungsabsichten, wie er sie so oft in den Kommentaren zu seinen Romanen, in seinen politischen Studien und in seiner *Massenwahntheorie* äußerte, scheinen für diese These zu sprechen. Man könnte bei Broch in Analogie zu dem von ihm zitierten Sokrates den heuristischen Grundsatz des »Ich weiß, daß ich keine Macht habe« annehmen, einen Grundsatz, der nicht am Ende, sondern am Anfang seiner auf soziale Veränderung abgestellten Philosophie und Dichtung steht, und der nicht als Ergebnis, sondern als zu widerlegender Ausgangspunkt anzunehmen ist.

Das Hin und Her zwischen den imaginierten Extrempolen von Machtlosigkeit und Weltschöpfertum, von Ohnmacht und Allmacht, von Un-Mann und Gott hat aber nicht nur einen produktiven, sondern auch einen destruktiven Aspekt. Broch spricht im Hinblick auf seine psychische Kondition von einer »tiefgehenden

Persönlichkeitsaufspaltung«. Die mit der eingebildeten »Impotenz« verbundene Depression sei so schwer zu ertragen wie der mit dem postulierten Weltschöpfertum einhergehende »Verpflichtungskomplex«. Der nämlich führe mit seinen Filiationen von der »Familienpflicht« bis zur »Menschheitspflicht« in die »bitterste Fron und Versklavung«. Die »Größe der Aufgaben« übersteige »weitaus« seine »Kräfte«, verlange ihm eine »Überleistung« ab, die »keinen Platz« mehr für das eigentliche »Leben« lasse. Jede Arbeitsabhaltung, alles, was von den hochgesteckten Zielen ablenke, würde vom Über-Ich als »unerlaubt« eingestuft. Daher die ständige »Flucht« in die »Askese«, der Verzicht auf Liebe, was wiederum »verminderte Liebesfähigkeit« zur Folge habe, und all das tendiere letztlich hin zum »Selbstmord«. Selbstmordtendenzen sind also nicht nur mit der imaginierten Impotenz, sondern auch mit der Vorstellung vom Weltschöpfertum, mit dem Zwang zur Überleistung verbunden. Im Grunde spiegele sich in seinem Verhältnis zur Arbeit die Relation zu seiner Mutter: wie er sich nie ihrer Liebe habe versichern können – trotz aller Familienverantwortung, die er übernommen habe –, so weise ihn die Arbeit als sadistische »Muttergöttin« ebenfalls zurück, auch wenn er »tagein, nachtaus in ihrem Dienst frone«. Dieser Negativtendenz zur »Selbstzerstörung« in seinem Leben als »Leistungsmensch« sei allerdings »die ungeheure Macht der Hoffnung« gegengelagert. Denn so, wie die imaginierte Minderwertigkeit einen Antipoden durch das Gefühl des Schöpfertums erhalte, so habe sich als Kompensation gegen die tendenzielle Selbstvernichtung seit seiner Kindheit eine »geduldige Hoffnungskraft« entfaltet, die bei ihm gleichsam ins »Ungemessene« gewachsen sei. Er sei aufgrund seiner neurotischen Kondition zu einem »Fachmann im Hoffen«, zu einem »Hoffnungs-spezialisten« geworden. (Hier mag der Grund dafür liegen, warum er Ernst Blochs *Prinzip Hoffnung*, das er während des Exils im Manuskript las, schätzte.)[13]

3. Amphitryonismus

Brochs »Psychische Selbstbiographie« ist vor allem der Versuch, sich über sein Verhältnis zu Frauen Klarheit zu verschaffen. Bei dem Schema, das er entwirft, darf nicht vergessen werden, daß er Ausnahmen von der Regel betont, und daß er sich über die Vereinfachungen dieses Entwurfs im klaren ist. Zudem muß man berücksichtigen, daß der Text an zwei Frauen geschickt wurde, mit denen er damals parallele ambivalente Verhältnisse hatte, deren Abbruch er wahrscheinlich provozieren wollte. Broch lebte 1942/43 bei seinem Freund Erich von Kahler in Princeton, und die beiden Freundinnen, die mit ihm das jüdische Schicksal von Exil und Verbannung teilten, wohnten im nahe gelegenen New York. Die Freundinnen waren Ruth Norden, eine Verlagslektorin, und Annemarie Meier-Graefe, eine Graphikerin.[14] Mit Ruth Norden hatte Broch seit 1934 in brieflichem Kontakt gestanden; nach seiner Emigration in die USA im Herbst 1938 lernte er sie persönlich kennen. Annemarie Meier-Graefe war Broch erstmals Anfang 1937 in Wien begegnet. Die Beziehung zu ihr wurde 1941 erneuert, als sie in New York lebte. Versucht man, sich in die Lage der beiden Frauen als Leserinnen dieses autoanalytischen Dokuments zu versetzen, ist die Abwehrstrategie, die Broch verfolgt, nicht zu übersehen. Brochs Schriftstück ist geradezu ein klassisches Beispiel der Antiwerbung, ein Selbstporträt, das dazu angelegt ist, die Neigung der Freundinnen zu ihm nicht zu wecken, sondern zu ersticken. Schon die Tendenz, auch sein Verhältnis zu Frauen auf die Nichtliebe der Mutter zurückzuführen, auch hier die daraus folgende »imaginierte Impotenz« zum Angelpunkt seines Eros zu erklären, eine »Impotenz«, die es ihm nicht erlaube, um Frauen zu »werben«, ist eine Vereinfachung, wenn nicht gar eine (vielleicht unbewußte) Verdrehung der Tatsachen. Broch war ein Leben lang ein feurig werbender Liebhaber. Ein Blick in seine Korrespondenzen mit den Freundinnen genügt – als zugänglichstes Beispiel sei hier auf das Tagebuch für Ea von Allesch (TTA) verwiesen –, um zu sehen, daß Broch – jedenfalls in den Anfangsphasen seiner Bekanntschaften – auch im Gebiet der erotischen Werbung es an »Überleistung« nicht fehlen ließ. Ebenso übertrieben ist seine Behauptung, daß er »jeder willigen Frau zuwillen« sei, ja sogar bereit sei, sich ihr »auf Lebenszeit zu verschreiben«. So widersinnig es klinge, fährt er fort, ausgerechnet seine »Moral« verpflichte ihn dazu, auch einer Zufallsbeziehung treu zu bleiben, da die von der Frau auf ihn projizierte »Hoffnung« nicht enttäuscht werden dürfe. Die Komik dieser Situation einbekennend, schreibt Broch mit unüberhörbarer Selbstironie: »Wenn andere Männer zur Geliebten sich hinstehlen, so schleiche ich mich zur Erfüllung moralischer Verpflichtungen« – der Geschlechtsverkehr als karitativer Akt.

Ausgehend von der Grundthese der »imaginierten Impotenz« sieht Broch auch in seinem Verhältnis zu Frauen bei sich einen Seelenmechanismus am Werk, der ihn – wie im Gebiet der Arbeit – dazu zwingt, durch »Überpotenz«, d. h. durch sexuelle Rekordleistungen bzw. »mithilfe großen Frauenverbrauches« die »Bestätigung seiner Potenz zu erlangen«. Dieser neurotische Leistungszwang auch auf erotischem Gebiet hindere ihn daran, eine »natürliche, geradlinige« Liebesbeziehung zu einer Frau aufzubauen, stehe der von ihm ersehnten Monogamie im Wege, zwinge ihn in immer neue Beziehungen, deren Resultat dann nicht Liebe, sondern lediglich »Partialhingabe« oder sogar »Haß«, ja ein »ins Maßlose« gesteigerter »Haß« sei. Statt in einen Liebeshimmel versetze ihn seine Neurose mit den Extremen von imaginierter Impotenz und zu beweisender Überpotenz in immer neue »Haß-Höllen«. Dem ständigen Sicheinlassen auf neue Frauenfreundschaften entspreche sein »Bestreben nach Flucht« aus diesen Verhältnissen, und ein Dokument dieses Fluchtstrebens ist nicht zuletzt seine »Psychische Selbstbiographie«.

Wie bei der Arbeit aber (trotz Versklavungssymptomen) das platonische Ideal der absoluten Wahrheit als Leitidee gelte, so habe er bei seinen erotischen Verstrickungen nie die »Hoffnung auf die große, absolute, monogame und endgültige Liebeserfüllung« aufgegeben. Bei der Skizzierung dieses Traums von der großen Liebe wird deutlich, daß Broch schon wegen seines »Amphitryonismus« dieses Ideal auch nicht annähernd hätte realisieren können. Stärker noch als sein sexueller scheint sein pädagogischer Eros gewesen zu sein. Liest man Brochs Ausführungen darüber, welcher »Umformung« er »die Geliebte« zu »unterwerfen trachte«, erinnert man sich an die vergleichbar autoritäre »*große Idee*« von der »Gattin«, die der junge Kleist seiner Verlobten Wilhelmine von Zenge aufdrängen wollte.[15] »Sie soll«, heißt es bei Broch, »dieselben hoch- und überhochgesteckten Ziele wie ich selber haben, in äußerster Persönlichkeits- und Erkenntnisentfaltung nach innen und in äußerster Loyalität nach außen.« Er und seine »Partnerin« müßten sich »so tief umgestalten«, daß sie – Broch scheut sich nicht, auf einen Modebegriff des Expressionismus zurückzugreifen – zum »›neuen Menschen‹ wiedergeboren« würden.[16] Seine »Idealfrau« soll aber nicht lediglich ihre persönlichen Anlagen entwickeln, sondern vor allem nach Brochs »eigenem Ich« geformt werden. »Absolute Liebe« sei nur dann denkbar, wenn die geliebte Frau einem »Idealbild« entspreche, das als »Spiegel« seiner »selbst«, als »Spiegel« seiner »eigenen Leistungen« und »Wünsche«, seiner »eigenen Weltsicht« und »Ziele« zu denken sei. Die »ungeheure Egozentrik«, die mit diesem »Idealbild« der Geliebten verbunden ist, gibt der Autor zu. Allerdings wehrt er sich gegen den naheliegenden Vorwurf des »Narzißmus« (Broch schaut ja gleichsam in das Gesicht der erträumten Geliebten wie in einen Spiegel), vielmehr sei es angemessener, von »Amphitryonismus« zu sprechen. Das ist eine Wort- bzw. Terminusschöpfung Brochs, und ob sie Eingang finden wird in das Vokabular der Psychoanalyse, ist fraglich. Denn das damit Gemeinte gehört in den Bereich längst überholter Vorstellungen von der Beziehung der Geschlechter. Es scheint, als ob hier Reste von

Otto Weiningers[17] Ideologie der platonischen Liebe aus dessen Buch *Geschlecht und Charakter* (1903) nachwirkten, das der junge Broch gelesen und – jedenfalls im Hinblick auf den rigorosen Platonismus – beifällig zitiert hatte (KW9/2, 19; KW10/1, 22, 243; KW10/2, 232). »Absolute Liebe« imaginiert Broch – und hier klingt eher Buber[18] als Weininger an – als »Durchbruch von Ich zu Ich«. Aber dieses »Von-Ich-zu-Ich« meint offenbar weniger die Ich-Du-Beziehung Bubers, die von einer Gleichwertigkeit der Partner ausgeht, als eine Relation zwischen dem Ich Brochs und einem sich in der Freundin inkarnierenden duplizierten Ich des Autors. Die »Seele« der Geliebten stellt er sich »entwicklungs-« und »umwandlungsfähig« vor, und das »Bekehrungswerk«, das sein denkerisch-dichterisches Œuvre im Großen vorhabe, könne hier an der »Idealfrau« exemplifiziert werden. Warum wählte Broch den Begriff des »Amphitryonismus« für das so beschriebene Verhältnis zur »Partnerin«? Alkmene liebte ihren Gemahl Amphitryon und in ihm gleichzeitig Zeus, den Gott, in der Gestalt ihres Gatten. So will es der griechische Mythos, und so zeigen es die zahlreichen dramatischen Bearbeitungen des Stoffes von Plautus bis Molière, von John Dryden bis Heinrich von Kleist, von Jean Giraudoux bis Peter Hacks. Broch, der sich mit seinem Platonismus als »Weltenschöpfer« sieht, sucht diese quasi-göttliche Dimension auch in seiner Freundin zu entwickeln, will also gleichzeitig irdischer wie göttlicher Amphitryon sein. Weitere Motive wie die der »weißen Ehe« und der »retrospektiven Eifersucht«, wie sie aus den Sagen um Alkmene und Amphitryon bekannt sind, und die in Brochs Beziehungen zu

Frauen eine Rolle spielen, sind ebenfalls bei der Wahl
dieses Terminus mit im Spiel gewesen.

Wie stets bei Broch, bleibt keine seiner Thesen in einfacher Behauptung stehen. Er selbst habe nie daran gezweifelt, daß »dieser ganze mystische Prozeß undurchführbar« sei, daß dieses »Liebeswunder« nie eintreffen
werde, daß er auch hier ein Opfer seiner »überspannten Forderungen« geworden sei. Andererseits wiederum hebt er die »Verzweiflung« über die schiere »Unerreichbarkeit« seiner Liebesutopie hervor. Broch bleibt
als Don Juan ein Don Quijote, und es ist bezeichnend,
daß er den Begriff des »Donquijuanjote« (KW13/1,
180) geprägt hat; er ist auf ihn selbst anwendbar.[19]

Wenn Broch schließlich zwei Grundtypen von Frauen
unterscheidet, mit denen er immer wieder zu tun habe,
ist er sich seines quasi idealtypischen Vorgehens bewußt und bekennt, daß er auch hier ein komplexes
Thema schematisiere. Auch in den Ausführungen über
die beiden Frauentypen wird zu Anfang das traumatische Verhältnis zu seiner Mutter zitiert. Der »erste Typus« nämlich sei »nach dem Bild der Mutter geformt«,
also nach dem »Projektionspunkt aller Sexualverbote«, sei mithin ein Typus, der das »Inzestverbot« ver-
hänge, »zur Impotenz« bzw. zur »weißen Ehe« verpflichte, der »echte Potenzschwierigkeiten« mit sich
bringe, und bei dem entsprechend die »erotische Funktion ins Unsoziale«, d. h. ins Außereheliche verlegt sei.
Es handle sich hierbei um »dekorative« Frauen, die
»durch Schönheit und Hochwüchsigkeit« auffielen
und sich »durch eine Art Befehlsgewalt durchzusetzen
verstehen«, gleichzeitig aber hochgradig »neurotisch«
und »sadistisch« veranlagt seien. Während sein plato-

nisches Über-Ich ihm diesen Frauentypus geradezu
»aufdränge« (die »weiße Ehe« wäre der Arbeit förder-
lich), werde wegen des nicht gelösten »erotischen Problems« diese Liaison zu »einer Hölle«, in der er »masochistisch leide«.

Das extreme Gegenteil ist der »zweite Typus« der Geliebten. Hier sei alles anders: Bei dieser »kleingewachsenen« Frau könne er sich »aufs rein Erotische konzentrieren«, das »Bettvergnügen« sei durch diesen »Bettschatz« garantiert, dem Beweis seiner »Überpotenz«
seien keine Grenzen gesetzt. Aus der Kindheit wirkten
hier nicht die Erinnerungen an die Mutter, sondern an
die »Dienstmädchen« und »Gouvernanten« nach, die
ihm ihre Zuneigung nie versagt hätten. Broch erinnert
dieser Typus an Goethes Geliebte und spätere Frau
Christiane Vulpius. Allerdings habe Goethe sich offenbar nicht mit einem neurotischen Gefühlshaushalt her-
umzuschlagen gehabt, wie er ihm zu eigen sei. Sein
(also Brochs) platonisches Über-Ich, das ihn als »mythische Arbeitsmutter« versklave, beschere ihm bei der
»einfach physischen Freude«, die ihm dieser Frauentypus bereite, ständig »moralische Skrupel«, zwinge ihn
– im Gegensatz zum Masochismus beim ersten Typus –
zum »Sadismus«, was wiederum »Gewissensqualen«
und »Schuldbewußtsein« nach sich ziehe. Das im
Über-Ich installierte Arbeitsethos verlange »ein Schielen nach Typus Nr. 1« und die Verheimlichung des pri-
mär sexuellen Verhältnisses zum Typus Nr. 2. Auch
beim zweiten Typus komme er über eine »Partialbeziehung« nicht hinaus; auch hier also die Qualen der
»Hölle« statt der Erfahrung »himmlischer Liebe«.
Hier dürfte ebenfalls die frühe Weininger-Lektüre

nachwirken, denn in *Geschlecht und Charakter* wird von einer vergleichbaren – wenn auch keineswegs identischen – dualistischen Frauentypologie (Heilige und Hure, Madonna und Dirne) ausgegangen.

»Erlösung zur Normalität« sei nur von einer »Wunderfrau« zu erwarten. Aber mit ihr sei nicht zu rechnen, da ihm aufgrund seiner Neurose nur ein Schwanken zwischen den Extremen vom ersten und zweiten Typus, zwischen Masochismus und Sadismus, weißer Ehe und sexueller Hörigkeit, Platonismus und Eros, Impotenz und Überpotenz, retrospektiver Eifersucht und vorgreifender Verachtung, bloßer Repräsentation und panischer Verheimlichung möglich sei. Brochs edukatorischer »Amphitryonismus« kann beim ersten Typus nichts erreichen, weil der keine Unterordnung unter seine Vorstellungen dulden würde, und beim zweiten Typus scheitert er, weil hier angeblich die Voraussetzungen zum Platonismus überhaupt fehlen.

Alles, was mit »Pflicht« und Pflichterfüllung zu tun hat, wird mit dem ersten, alles, was in die Richtung von »Neigung« und Vergnügen geht, wird mit dem zweiten Frauentypus assoziiert. Die Grundkondition seiner Begehrensstruktur wirkte sich auch, wie Broch schreibt, auf seine Arbeit aus: Den vom Vater vorgeschriebenen Beruf des Kaufmanns und Industriellen übernimmt er als »Pflicht« – das Verhältnis zur Berufsarbeit ist demnach der Beziehung zum ersten Frauentypus vergleichbar –; das gleichzeitig betriebene wissenschaftliche Studium darf, da reiner »Neigung« entsprechend, nur »heimlich« betrieben werden, wird also in die Nähe des zweiten Frauentypus gerückt. Nachdem es ihm Mitte der zwanziger Jahre gelungen ist,

sich von den Erwartungen der Familie zu emanzipie-
ren, und er nun ungestört seinen geistigen Neigungen
frönen kann, bleibt die Neurose unverändert bestehen:
jetzt gilt die philosophisch-kulturkritische Arbeit – da
auf einen Beruf abzielend – als »Pflicht« (siehe erster
Typus), und die dichterische Tätigkeit bekommt den
Charakter des Verstohlenen und Heimlichen (siehe
zweiter Typus). Folgt man Brochs Selbstanalyse, war er
kein »Dichter wider Willen«, wie Hannah Arendt es
sah[20] – der Wille zur literarischen Produktion war sogar ausgesprochen stark –, sondern ein Dichter mit
schlechtem Gewissen, ein Schriftsteller, den sein neurotisch »hypertrophiertes Über-Ich« daran hinderte, sein
poetisches Talent ungehemmt zu entfalten. Entsprach
er mit seiner Arbeit den Erwartungen seiner Pflicht-
Komplexe, zerrte ihn die Neigung in die Richtung von
Eros und Dichtung; ließ er seinem persönlichen Begeh-
ren die Zügel, belegte ihn das Über-Ich mit »Strafvorstellungen«, »Strafmaßnahmen« und »Bußübungen«.
So wurde er zu einem mit sich selbst im Streit liegen-
den, gehetzten und zerrissenen Menschen, in dem »sich
nichts in ihm zu ihm bekannte«, wie er es in seinem
Gedicht »Dantes Schatten« formulierte (KW 8, 67).
Betrachtet man Brochs Frauenschema aus sozialhisto-
rischer Sicht, erkennt man, daß hier Männerprojek-
tionen aus dem bürgerlich-viktorianischen 19. Jahrhundert allgemein bzw. aus dessen spezifisch Wiener
Fin-de-siècle-Variante nachwirkten.[21] Dort war die
Weiningersche Trennung in entsexualisierte Ehefrau
und übererotisierte Lebedame üblich, und die Literatur
der Zeit – z. B. Arthur Schnitzlers Werk – lebt geradezu
von diesem Gegensatz.[22] Bei Broch ist der schlichte

Kontrast allerdings durch Platonismus, expressionisti-
sche Utopien, Freud-Studium, Alfred-Adler-Kenntnisse
und Zwanziger-Jahre-Libertinage verkompliziert. Sicher bietet, wie Broch selbst betont, dieser autoana-
lytische Entwurf der Exiljahre nicht den »goldenen
Schlüssel« zum Verständnis seiner Psyche. Aber er enthält immerhin so viele Hinweise auf Konstanten seines
Empfindens und Denkens, daß von ihm aus auch eine
zumindest partiell neue Lektüre seiner Dichtungen
möglich wird. Nach Kenntnis der beiden von Broch
konstruierten weiblichen Grundtypen, von denen er
meint, daß sie in seinem Leben eine so dominante Rolle
gespielt haben, nach Einblick in seine Art von inten-
diert edukatorischem »Amphitryonismus«, liest man
seine literarischen Werke mit anderen Augen. Pase-
nows Verhältnis zu Ruzena und Elisabeth bzw. Eschs
zu Mutter Hentjen und Ilona in den *Schlafwandlern*
(KW1), Vergils Fiktion von Plotia im *Tod des Vergil*
(KW4) und A.s Beziehung zu Hildegard und Melitta in
den *Schuldlosen* (KW5) – auf all diese Figuren-Konstel-
lationen wirft Brochs autoanalytischer Text ein neues
Licht. Die »Psychische Selbstbiographie« verdeutlicht,
wie stark die seelischen Regungen, mit denen Broch
seine literarischen Helden und Heldinnen ausstattete,
seinem eigenen Gefühlshaushalt entstammen.
Nicht zuletzt ist die »Psychische Selbstbiographie« ein
Dokument des Exils. Auf seine Situation in der Verbannung kommt Broch öfters zu sprechen. Die Adres-
satinnen dieses Dokuments, Ruth Norden und Annemarie Meier-Graefe, waren als europäische Emigran-
tinnen in einer vergleichbar ungesicherten Position wie
Broch selbst. Bei aller Vorsicht, die bei solchen Zu-

schreibungen geboten ist, dürfte Ruth Norden sich eher im ersten, Annemarie Meier-Graefe wahrscheinlich im zweiten Typus der von Broch charakterisierten Frauen erkannt haben. Seine indirekte Abwehrstrategie (einen offenen Bruch mit Partnerinnen hat der Autor immer vermieden) gegenüber diesen beiden Freundinnen konturiert sich nicht nur in der Frauen-Typisierung selbst und in Brochs überscharfer Selbstkritik; die Abwehr wird auch deutlicht, wenn der Autor betont, er strebe im Exil eine »intensive Selbstamerikanisierung« an, weswegen er seine »erotischen Beziehungen« im »Amerikanertum suche«. An Frauenfreundschaften mit Amerikanerinnen – wie etwa mit den beiden Schriftstellerinnen Fanny Colby Rogers und Jean Starr Untermeyer[23] – hat es Broch nicht gefehlt, wenngleich es auch hier bei dem partiellen Engagement blieb, das er für alle seine Liebschaften bezeichnend fand. Ein Dokument des Exils ist die »Psychische Selbstbiographie« auch insofern, als Broch abschließend gesteht, daß er seine »Emigration von allem Anfang an als eine ungeheure Lebensbereicherung empfunden« habe, »sozusagen als ein Geschenk, das mir für meinen letzten Lebensabschnitt vom Schicksal verliehen worden ist«. Sind die Lebenszeugnisse von Flüchtlingen im Exil nicht selten voller Klagen über die schwierigen Verhältnisse im neuen Land[24], stimmt Broch ein Loblied auf die Emigration als Lebensrettung und Neubeginn an. »Fast gierig« sei er danach, »ein möglichst großes Quantum an Lebensmaterial, an Wissen um neue menschliche Konstellationen, Milieus, Qualitäten, Strukturen noch einzuheimsen«. Dabei sei ihm »das Erotische« oftmals »bloß eine Eingangspforte, ein

Vehikel für diesen Wunsch«, seine »Lebensneugier« zu befriedigen. Nach einer solch euphorischen Äußerung folgt typischerweise wieder das schlechte Gewissen: »Und fast ist es beschämend«, so ruft ihm sein moralisches Über-Ich zu, »sich mit diesen persönlichsten [...] Problemen in einer solchen Zeit« von Krieg und Kulturtod abzugeben. Zur Rechtfertigung vor seiner ethischen Instanz gibt er an, daß er nur dann einen »Beitrag zur Abwehr« des Unheils leisten könne, wenn er mit seinem Seelenhaushalt ins Reine komme. Seine so beachtlichen wie beachtenswerten dichterischen und denkerischen Arbeiten aus der Exilzeit liegen mit den Romanen *Der Tod des Vergil* (KW4) und *Die Schuldlosen* (KW5), seiner *Massenwahntheorie* (KW12) und der kulturhistorischen Studie *Hofmannsthal und seine Zeit* (KW 9/1) vor. Das »seelische Ordnungmachen« blieb aber immer ein unerfüllter Wunsch. Hannah Arendt war seit der Lektüre des *Tod des Vergil* und ihrer positiven Rezension über den Roman[25] mit dem Autor freundschaftlich verbunden. Sie beschrieb Broch nach dessen plötzlichem Tod im Frühjahr 1951 als jemanden, der, »verzweifelt in den Netzen eines vielfältigst verstrickten Lebens hängend«, einem »alternden Entfesselungskünstler auf dem Jahrmarkt« geglichen habe, »dessen Beruf es ist, sich fesseln zu lassen, um zu zeigen, wie großartig er sich der stärksten Fesseln noch zu entledigen weiß« (ABB, 165). So groß seine »Lebensneugier« 1941 noch gewesen war; zehn Jahre später war Broch lebens-, d. h. konfliktmüde. Diese Müdigkeit betraf weniger Schwierigkeiten in seinem schriftstellerischen Alltag (deren es genug gab), als eben die Tragödie seines Seelenlebens. Acht Tage vor seinem Tode schrieb er an Hannah Arendt: »Aber mir wird es halt doch in meinem psychosomatischen Geschaukel unheimlich zumute. Es geht mir nämlich gar nicht gut, und wenn ich meine seelische Widerstandsenergie aufgebe, geht's schief, weil ich mich dann eben selber aufgebe. Es sieht bloß wie körperliche Müdigkeit aus, doch es steckt mehr dahinter.« (ABB, 163) Dahinter steckte wohl das, was er im »Nachtrag« acht Jahre zuvor so formuliert hatte: »*Denn Gewissenskonflikte sind die weitaus bestimmendsten Faktoren in meinem Leben*, und um ihnen zu entgehen, bin ich immer wieder bereit, auf alles zu verzichten, auf Glück, auf Zärtlichkeit, auf jede menschliche Beziehung, ja, sogar auf die Arbeit und schließlich sogar auf das Leben selber.« Broch ist im amerikanischen Exil im Alter von 64 Jahren gestorben. Hannah Arendt beobachtete richtig, daß der Autor die von ihm gewählte Bürde psychischer und arbeitsmäßiger Last »Atlas-gleich auf seinen Schultern« getragen habe, »bis er unter« ihr »zusammenbrach« (ABB, 166).

Editorische Notiz

1941 schrieb Broch seine »Autobiographie als Arbeitsprogramm« (KW10/2, 195ff.); ein Jahr später folgte
die Aufzeichnung seiner »Psychischen Selbstbiographie«, die er – nach einem weiteren Jahr – um einen
»Nachtrag zu meiner psychischen Selbstbiographie«
ergänzte. Bei der »Psychischen Selbstbiographie« von
1942 handelt es sich um ein 32 Seiten umfangreiches,
einzeilig geschriebenes Typoskript; das Typoskript des
»Nachtrags« von 1943 – ebenfalls einzeilig geschrieben – umfaßt 9 Seiten. Diese beiden Typoskripte, die
hier erstmals veröffentlicht werden, liegen in zwei identischen Ausfertigungen vor, zum einen im DLA (als Teil
der Broch-Korrespondenz mit Ruth Norden im Broch-
Archiv), zum anderen in YUL (als Teil der Broch-Korrespondenz mit Annemarie Meier-Graefe). Die hier ab-
gedruckten Texte stimmen in Zeichensetzung, Schreib-
weise, Grammatik und Stil mit den Originalen überein.
Stillschweigend korrigiert wurden Broch unterlaufene
Schreib- und Kommafehler. Irrtümlich ausgelassene
Wörter sind sinngemäß – durch eckige Klammern ge-
kennzeichnet – ergänzt worden.
Vielfachen Dank gilt es auszusprechen: für die Geneh-
migung zur Erstveröffentlichung der zwei Typoskripte
der Verwalterin des Hermann Broch-Nachlasses, Sa-
chiko Broch de Rothermann, New York, sowie dem
Direktor des Deutschen Literaturarchivs in Marbach
(DLA), Ulrich Ott, und der Kuratorin der German Collection on Yale University in New Haven (YUL), Chri-
sta Sammons; für die Hilfe bei der Redaktion des Ban-

des meinen beiden Research Assistants Imke Köhler und Sebastian Wogenstein; dem DLA für ein Forschungsstipendium im Sommer 1998 und Rainer Weiss vom Suhrkamp Verlag für seine Lektoratsarbeit.

Verzeichnis der Abkürzungen

In den Anmerkungen des Herausgebers, im Nachwort, in der editorischen Notiz sowie in der Zeittafel werden Siglen benutzt, die hier in alphabetischer Reihenfolge genannt und entschlüsselt werden. Die der Sigle folgende Ziffer verweist auf die Seitenzahl.

ABB: *Hannah Arendt – Hermann Broch. Briefwechsel 1946 bis 1951*, hrsg. v. Paul Michael Lützeler (Frankfurt/Main: Jüdischer Verlag im Suhrkamp Verlag, 1996).

DLA: Deutsches Literaturarchiv, Marbach/Neckar.

KA: Klaus Amann, Helmut Grote, *Die Wiener Bibliothek Hermann Brochs. Kommentiertes Verzeichnis des rekonstruierten Bestandes* (Wien, Köln: Böhlau, 1990).

KW: *Kommentierte Werkausgabe Hermann Broch*, 13 Bände, hrsg. v. Paul Michael Lützeler (Frankfurt/Main: Suhrkamp, 1974-1981). KW1: *Die Schlafwandler. Eine Romantrilogie*; KW2: *Die Unbekannte Größe. Roman*; KW3: *Die Verzauberung. Roman*; KW4: *Der Tod des Vergil*; KW5: *Die Schuldlosen. Roman in elf Erzählungen*; KW6: *Novellen. Prosa. Fragmente*; KW7: *Dramen*; KW8: *Gedichte*; KW9/1: *Schriften zur Literatur: Kritik*; KW9/2: *Schriften zur Literatur: Theorie*; KW10/1: *Philosophische Schriften. Kritik*; KW10/2: *Philosophische Schriften. Theorie*; KW11: *Politische Schriften*; KW12: *Massenwahntheorie*; KW13/1: *Briefe 1 (1913-1938)*;

KW13/2: *Briefe 2 (1938-1945)*; KW13/3: *Briefe 3 (1945-1951)*.

PML: Paul Michael Lützeler, *Hermann Broch. Eine Biographie* (Frankfurt/Main: Suhrkamp, 1985).

TTA: Hermann Broch, *Das Teesdorfer Tagebuch für Ea von Allesch* (Frankfurt/Main: Suhrkamp, 1995).

YUL: Yale University Library, Broch-Archiv in der Beinecke Rare Book Library, New Haven/Connecticut (USA).

Anmerkungen

Psychische Selbstbiographie

1 Brochs jüngerer Bruder Friedrich Josef Broch (1889-1967) wurde von den Eltern Joseph Broch (1852-1933) und Johanna Broch, geb. Schnabel (1863-1942) dem zwei Jahre älteren Hermann Broch (1886-1951) gegenüber bevorzugt behandelt. Brochs Vater war ein Wiener Textilhändler und Besitzer der Spinnerei in Teesdorf bei Wien. Vgl. dazu PML.

2 Broch urteilt hier im Sinne der Kantschen Ethik. Vgl. Immanuel Kant, *Grundlegung zur Metaphysik der Sitten*, besonders den »zweiten Abschnitt« mit dem Titel »Übergang von der populären sittlichen Weltweisheit zur Metaphysik der Sitten«, wo es heißt: »Nun sage ich: der Mensch und überhaupt jedes vernünftige Wesen *existiert* als Zweck an sich selbst, *nicht bloß als Mittel* zum beliebigen Gebrauche für diesen oder jenen Willen [...].«

3 Narkissos ist in der griechischen Mythologie der Sohn des Flußgottes Kephisos und der Naiade Leiriope. Der schöne Jüngling verschmäht die Liebe der Nymphe Echo und wird von Aphrodite mit unstillbarer Selbstliebe bestraft. Beim Trinken beugt er sich über eine Quelle und verliebt sich in sein eigenes Bild. In der Psychoanalyse Sigmund Freuds wird Narzißmus als Abwendung der Libido von äußeren Objekten verstanden, d. h. als eine Regression auf die frühkindliche Lustgewinnung am eigenen Körper (Autoerotismus). Brochs Wiener Bibliothek enthielt folgende Bände von Sigmund Freud: *Vorlesungen zur Einführung in die Psychoanlayse* (Leipzig, Wien: Heller, 1918); *Die Frage der Laienanalyse* (Wien: Internationaler Psychoanalytischer Verlag, 1926); *Über den Traum* (Wiesbaden: Bergmann, 1911); *Das Unbehagen in der Kultur* (Wien: Internationaler Psychoanalytischer Verlag, 1930); *Der Witz und seine Beziehung zum Unbewußten*, 3. Auflage (Wien: Deuticke, 1921).

4 Amphitryon ist in der griechischen Sagenwelt der Sohn des Alkaios und Enkel des Perseus. Nach dem Tod des Perseus wird Alkaios' Bruder Elektryon König von Tyrins und Mykene. Amphitryon heiratet Alkmene, die Tochter seines Onkels Elektryon.

Einem Wunsch ihres Onkels entsprechend, bleibt Alkmene als Gattin so lange Jungfrau, bis Amphitryon den Tod ihrer von den Taphiern ermordeten Brüder gerächt hat. Der Feldzug gegen die Taphier kann erst erfolgreich abgeschlossen werden, nachdem Amphitryon und Alkmene bereits über ein Jahr lang verheiratet sind. Beide leben damals bei König Kreon in Theben im Exil. Bei seiner Rückkehr nach Theben eröffnet ihm Alkmene, daß er bereits am Tag zuvor angekommen sei. Amphitryon befragt, um das Rätsel zu lösen, den Seher Teiresias. Der erklärt ihm, es sei Zeus gewesen, der seinen Platz in der Nacht vor seiner Rückkehr eingenommen habe. Amphitryon ist erleichtert, daß Alkmene ihn nicht wissentlich betrogen hat und verbringt nun seine Hochzeitsnacht bei ihr. Nach neun Monaten gebiert Alkmene männliche Zwillinge, wobei Herakles der Sohn des Zeus und Iphikles der Sohn des Amphitryon ist. (Zu Brochs originellem Terminus *Amphitryonismus* vgl. das »Nachwort des Herausgebers«.)

5 Gemeint ist die Wiener Journalistin Ea von Allesch (1875-1953). Brochs enge Beziehung zu ihr dauerte von 1917 bis 1927, doch blieb er mit ihr bis zur Emigration im Jahre 1938 in persönlichem Kontakt, und nach dem zweiten Weltkrieg korrespondierte der Autor mit ihr bis zu seinem Tod im Jahre 1951. Vgl. TTA.

6 Wie Anm. 5.

7 Im Oktober 1941 faßte Broch in einem an Hubertus Prinz zu Löwenstein gerichteten »Report on my activities in rescuing endangered European writers, June 1940 – October 1941« (KW13/2, S. 266) seine Bemühungen zur Rettung von Flüchtlingen zusammen. Zu den Exilierten, denen er zu US-Visen verhalf, gehörten Paul Schrecker, Gustav Ichheiser, Paul Amann, Werner Richter, Franz Blei und Hans Sahl. Ferner arbeitete er mit bei der Beschaffung von Affidavits für folgende Autoren: Franz Werfel, Alfred Polgar, Leopold Schwarzschild, Paul Stefan, Gottfried Salomon, Balduin Schwarz, David Katz, Clarence Feldmann, Georg Merkel, Bernhard von Bothmer und Desiderius Papp.

8 Gemeint sein dürfte die Trennung von Jadwiga Judd (1901-1979). Sie war die Tochter eines Wiener Fahrstuhlfabrikanten, hatte in den dreißiger Jahren einen Amerikaner geheiratet, von dem sie sich bald wieder scheiden ließ. Sie besaß die amerikanische Staatsbürgerschaft und war Broch bei der Integration in das New Yorker Leben in den beiden ersten Jahren der Emigration behilflich.

Die Überfahrt von Southampton nach New York im Herbst 1938 hatte Broch gemeinsam mit ihr unternommen. 1940 wurden bereits Heiratspläne geschmiedet, doch lernte Broch damals die amerikanische Autorin Frances Colby Rogers (1904-1981) kennen, was das Ende der Beziehung zu Jadwiga Judd bedeutete.

9 Jadwiga Judd (vgl. Anm. 8).

10 Englisch: Flüchtling.

11 Brochs Analytiker im amerikanischen Exil war Paul Federn (1871-1950). Auch an ihn hatte Broch eine Kopie der »Psychischen Selbstbiographie« geschickt. Broch kannte diesen Psychoanalytiker aus der Freud-Schule bereits aus seiner Wiener Zeit. Vgl. Federns Bücher: *Das psychoanalytische Volksbuch* (Stuttgart: Hippokrates, 2. Aufl. 1928); *Ichpsychologie und die Psychosen* (Frankfurt/Main: Suhrkamp, 1978).

12 Das Ding an sich ist nach Immanuel Kant das Ding, wie es unabhängig von einem erkennenden Subjekt für sich selbst besteht, das ›wahre‹ Sein, dessen ›Erscheinungen‹ die empirischen Dinge sind, auf welches sie hinweisen. Vgl. dazu die einschlägigen Stellen in den drei Kritiken, vor allem in der *Kritik der reinen Vernunft*. Die Kant-Ausgabe, die sich in Brochs Wiener Bibliothek befand, waren die neunbändigen *Sämtlichen Werke*, hrsg. v. Otto Buek u. a. (Leipzig: Meiner & Dürr, 1905-22). Vgl. KA, 123.

13 Vgl. die ähnlich lautende Stelle im TTA, 127f. (Eintragung vom 4. November 1920).

14 Im Herbst 1907 trat Broch als kaufmännischer Assistenzdirektor in die väterliche Spinnfabrik Teesdorf in Teesdorf bei Wien ein; 1909 wurde er Verwaltungsrat und 1915 Leitender Verwaltungsrat dieser Firma, die er 1927 an den mit ihm befreundeten Fabrikanten Felix Wolf verkaufte.

15 Schon der junge Broch belegte im Wintersemester 1905/1906 mathematische Vorlesungen an der Universität Wien. Zwischen 1920 und 1925 nahm er private Mathematikstunden (u. a. zur Mengenlehre) bei dem Wiener Mathematiker Ludwig Hofmann. Von 1925 bis 1930 studierte er Mathematik erneut an der Universität Wien bei Wilhelm Wirtinger, Hans Hahn und Karl Menger. In Brochs Roman *Die Unbekannte Größe* (1933) ist die Hauptfigur der Mathematik-Assistent Richard Hieck.

16 Den Sommer 1932 verbrachte Broch in Gößl am Grundlsee, wo er das Drama *Die Entsühnung* schrieb. Vergleichbar zurückgezo-

gen lebte er zur Zeit der Arbeit am Roman *Die Verzauberung* von September 1935 bis August 1936 in Mösern/Tirol.

17 Brochs Exil begann am 24. Juli 1938 in Großbritannien. Nach einem kurzen Aufenthalt in London wohnte er bis Ende September bei seinen Übersetzern, dem Ehepaar Edwin und Willa Muir in St. Andrews/Schottland. Am 9. Oktober 1938 begann mit seiner Ankunft in New York Brochs amerikanisches Exil. Vor einer geplanten Europareise starb er am 30. Mai 1951 in New Haven/ Connecticut.

18 Am 19. Oktober 1806 heiratete Goethe Christiane Vulpius (1765-1816).

Nachtrag zu meiner psychischen Selbstbiographie

1 Französisch: Du hast es gewollt.
2 Vgl. Anm. 2 zur »Psychischen Selbstbiographie«.
3 Gemeint ist Ea von Allesch. Vgl. Anm. 5 zur »Psychischen Selbstbiographie«.
4 Broch wurde am 1. November 1936 fünfzig Jahre alt.

Autobiographie als Arbeitsprogramm

1 Broch schrieb diesen Text 1941 unter dem Eindruck der Erfolge Hitlers auf dem europäischen Kriegsschauplatz. Er verstand den Nationalsozialismus in den Kategorien seiner Theorie vom »Zerfall der Werte«. Danach begann mit dem späten 19. Jahrhundert das Endstadium des europäischen Wertezerfalls. Vgl. dazu die Essayfolge »Zerfall der Werte« in Brochs Romantrilogie *Die Schlafwandler* (1930-1932) und seine Studie *Hofmannsthal und seine Zeit* (1947-1948). (Vgl. KW1 und KW9/1, 111-275.)
2 Broch war im Wintersemester 1904/1905 Gasthörer für Philosophie, Mathematik und Physik an der Universität Wien und hörte u. a. bei Ludwig Boltzmann.
3 Als ›wissenschaftlichen‹ bzw. ›logischen Positivismus‹ oder auch ›logischen Empirismus‹ bezeichnet man heute die philosophische Richtung des Neopositivismus. Im deutschsprachigen Bereich etablierte sie sich als Wiener Schule bzw. Wiener Kreis. Diese

Gruppe, die unter dem Einfluß von Ernst Mach, Ludwig Wittgenstein und Bertrand Russell stand, entwickelte sich aus einem Seminar von Moritz Schlick (1882-1936) und trat mit der von 1930 bis 1938 erschienenen Zeitschrift *Erkenntnis* an die Öffentlichkeit. Zu den Mitgliedern des Wiener Kreises – die meisten mußten 1938 nach dem ›Anschluß‹ Österreichs emigrieren – gehörten Rudolf Carnap, Otto Neurath, Hans Reichenbach, Hans Hahn, Karl Menger, Kurt Gödel und Philipp Frank. Kennzeichnend für die Wiener Schule ist die Verbindung von Empirismus und mathematischer Logik zu einer Wissenschaftslehre und das Streben nach einer Einheitswissenschaft mit universaler Formalsprache und physikalischer Methode (Physikalismus). Die Aufgabe der Philosophie beschränkt sich hierbei auf die logische Klärung der Begriffsbildung und des Sinns von wissenschaftlichen, auf ›Gegebenes‹ bezogenen Sätzen. Als Ethiker und Erkenntnistheoretiker setzte Broch sich mit den Thesen des Neopositivismus auseinander. Vgl. Brochs *Philosophische Schriften* (KW10/1+2). In Brochs Wiener Bibliothek fanden sich Bücher von Schlick, Neurath, Reichenbach und Menger. Vgl. KA.

4 Als der bedeutendste Vertreter des Positivismus des 19. Jahrhunderts gilt der französische Philosoph und Mathematiker Auguste Comte (1798-1857). Positivismus im Sinne Comtes bezeichnet eine Richtung der Philosophie und Wissenschaft, die vom ›Positiven‹, d. h. vom Gegebenen, Tatsächlichen, Sicheren, Zweifellosen ausgeht und metaphysische Erörterungen für theoretisch unmöglich und praktisch nutzlos ansieht. Eine Frage, auf die es nur eine Antwort gibt, die durch Erfahrung nicht kontrolliert werden kann, nennt der Positivismus eine Scheinfrage. Einig sind sich die Positivisten, daß ihre Richtung sich engstens an das Weltbild und die Methoden der Naturwissenschaften anlehnen müsse. In Großbritannien vertraten Jeremy Bentham, John Stuart Mill und Herbert Spencer die positivistische Philosophie. Spencers bekanntester Schüler in Deutschland war Ernst Haeckel (1834-1919). In Brochs Wiener Bibliothek fanden sich Ausgaben der Werke von Comte, Mill, Spencer und Haeckel. Vgl. KA.

5 Ernst Mach (1838-1916) war zunächst Professor für Mathematik und Physik in Graz, danach Professor für Experimentalphysik in Prag und ab 1895 Inhaber eines eigens für ihn geschaffenen Lehrstuhls der Philosophie in Wien. Nach Mach hat die Wissenschaft

sich auf die Untersuchung des ›Tatsächlichen‹ zu beschränken und sich metaphysisch-religiösen Spekulationen zu enthalten. Real sind nach Mach nur die Empfindungen: Töne, Farben, Drucke, Wärmen, Düfte, Räume, Zeiten usw., und ihre funktionalen, nicht kausalen Abhängigkeiten und Zusammenhänge. Die Dinge sind Empfindungskomplexe, auch das Ich ist nur eine in sich geschlossene Empfindungsgruppe, die mit anderen, die zusammen die Außenwelt ausmachen, schwächer zusammenhängt als in sich. In Brochs Wiener Bibliothek fanden sich acht Werke von Ernst Mach. Vgl. KA, 158f.

6 Ludwig Boltzmann (1844-1906), Physiker. Ab 1869 hatte Boltzmann verschiedene Professuren an deutschen und österreichischen Universitäten inne. Von 1902 bis zu seinem Selbstmord im Jahre 1906 war er Nachfolger von Ernst Mach in Wien. Brochs Wiener Bibliothek enthielt: Ludwig Boltzmann, *Vorlesungen über Maxwell's Theorie der Elektrizität und des Lichtes*. Tl. 1 u. 2 (Leipzig: Barth, 1891-93). Vgl. KA, 25.

7 Die neu-kantische, neu-hegelsche und neu-friessche philosophischen Schulen bildeten gegen Ende des 19. und zu Beginn des 20. Jahrhunderts die Zentren eines neu-idealistischen Denkens. Den Anstoß zu einer Rückbesinnung auf Kant gaben Hermann Helmholtz (1821-1894), Friedrich Albert Lange (1828-1875) und Otto Liebmann (1840-1912), die in ihren Werken auf die Bedeutung von Kants kritischer erkenntnistheoretischer Methode verwiesen. Als Blütezeit des Neokantianismus gilt die Zeit zwischen 1865 und 1910. Im Neu-Kantianismus lassen sich die logizistische Marburger und die werttheoretische Südwestdeutsche Schule unterscheiden. Hermann Cohen (1842-1918) gilt als der Begründer der Marburger Schule. Cohens Kant-Rezeption ist eine Weiterentwicklung von dessen Transzendentalphilosophie, verwirft allerdings die Existenz eines ›Dinges an sich‹ wie auch den Dualismus von Anschauung und Denken. Anders als bei Kant ist bei Cohen auch die Anschauung eine Form des Denkens. Empfindung und Wahrnehmung sind somit nicht die originäre Quelle der Erkenntnis, sondern schon etwas Gedankliches. Brochs Hinweis auf »eine Art Wissenschaftspositivismus« im Neu-Kantianismus dürfte sich auf den für die Marburger Schule charakteristischen Versuch beziehen, in Anknüpfung an Kants Erkenntnistheorie eine kritische Grundlegung der Naturwissenschaft, der Psycho-

logie und der Pädagogik zu schaffen. Neben Cohen waren Paul Natorp, Rudolf Stammler, Karl Vorländer und Ernst Cassirer Vertreter des Marburger Neu-Kantianismus.

Anders als die Marburger Schule war die Südwestdeutsche oder Heidelberger Schule vor allem an der Abgrenzung der Kultur- und Geisteswissenschaften von den Naturwissenschaften interessiert. Erstere seien auf das Besondere gerichtet, letzteren gehe es um die Auffindung allgemeiner Gesetze.

Als Neu-Hegelianismus wurden Erneuerungsversuche der Philosophie Hegels im ersten Drittel des 20. Jahrhunderts bezeichnet. Wilhelm Dilthey (1833-1911) bereitete den Weg für eine erneute Rezeption des Hegelschen Denkens. Besonders Richard Kroner, Hermann Glockner und Nicolai Hartmann sahen sich in der Tradition Hegels.

Als bedeutendster Vertreter des Neu-Friesianismus wurde Leonard Nelson (1882-1927) angesehen. Unter Rückgriff auf Jakob Friedrich Fries (1773-1843) versuchte Nelson die Kantsche Philosophie durch die Loslösung von erkenntnistheoretischen Voraussetzungen im Sinne der Friesschen Lehre vom ›Selbstvertrauen der Vernunft‹ umzubilden. Durch die subjektive Deduktion der reinen Verstandesbegriffe werden nach Nelson die Begründungszirkel transzendentalistischer Auffassung vermieden.

Von allen hier genannten Philosophen enthielt Brochs Wiener Bibliothek Sammel- und Einzelausgaben. Vgl. KA.

8 Ernst Mach weist sowohl in *Principien der Wärmelehre* (1901) als auch in *Erkenntnis und Irrtum* (1905) auf Kants aprioristische Erkenntnistheorie hin. Obwohl Mach die Vorstellung apriorischer Anschauung ablehnt, gesteht er Kant doch die Möglichkeit von der physikalischen Erfahrung unabhängiger Empfindung zu. Die beiden hier genannten Bücher befanden sich in Brochs Wiener Bibliothek. Vgl. KA, 158f.

9 Vgl. dazu die Arbeiten von Heinrich Rickert, *Die Grenzen der naturwissenschaftlichen Begriffsbildung* (1896) und *Kulturwissenschaft und Naturwissenschaft* (1899) sowie Wilhelm Diltheys *Einleitung in die Geisteswissenschaften* (1883). Die Geisteswissenschaften sieht Dilthey als Bereich des Verstehens von Leben und Geschichte, eines Verstehens, das durch das Nachvollziehen der symbolischen Zusammenhänge von gesellschaftlicher und geschichtlicher Wirklichkeit möglich sei. Der Relativismus, von dem

Broch spricht, zeigt sich besonders bei Rickert, der zwar das Sein objektiv geltender, von der individuellen Subjektivität unabhängiger Werte behauptet, gleichzeitig jedoch Metaphysik im Sinne einer Wissenschaft vom Absoluten ablehnt. Die beiden Rickertbände sowie Diltheys *Abhandlungen zur Grundlegung der Geisteswissenschaften*, Band 5 von *Wilhelm Diltheys gesammelten Schriften* (Leipzig, Berlin: Teubner, 1921-24) befanden sich in Brochs Wiener Bibliothek. Vgl. KA.

10 Broch trat im Herbst 1907 als Assistenzdirektor in die väterliche Firma Spinnfabrik Teesdorf ein. Von Mai bis Oktober 1909 folgte sein Militärdienst; danach wurde er Verwaltungsrat der Spinnfabrik Teesdorf.

11 In den Jahren 1919 bis 1922 war Broch Vorstandsmitglied des Fachverbandes der Textilindustrie Österreichs und war ehrenamtlich tätig am Gewerbegericht in Wiener Neustadt, wo er einer Kommission zur Beilegung von Konflikten zwischen Arbeitern und Unternehmern angehörte.

12 Vgl. dazu das Kapitel »Wert- und Geschichtstheorie« im zweiten Band von Brochs *Philosophischen Schriften* (KW10/2, 11-203).

13 Broch spielt hier an auf die drei Kritiken Kants.

14 Nach Johann Gottlieb Fichtes (1762-1814) Wissenschaftslehre setzt das Subjekt sich selbst. Anders als in Kants Philosophie der Erfahrung entspringt bei Fichte die Erfahrung nicht aus dem ›Ding an sich‹, sondern aus dem Ich. Das Ich erzeugt ein Non-Ich in einem vorbewußten, freien und grundlosen Vorgang. Insofern das Ich sich selbst setzt, wie es auch das Fremde, Äußere als Non-Ich selbst erzeugt, sind sowohl das Ich als das Non-Ich ideal. Brochs Wiener Bibliothek enthielt acht Einzelbände von Fichte, zusätzlich die Leipziger Werk-Ausgabe, hrsg. v. Fritz Medicius (1908-12). Vgl. KA, 73f.

15 Brochs Begriff des »offenen Systems« erinnert an den gleichen Terminus bei Karl Raimund Popper. Wie Broch stammte der sechzehn Jahre jüngere Popper aus Wien, und wie Broch setzte er sich kritisch vom Neopositivismus des Wiener Kreises ab. Vgl. Poppers 1935 erschienenes erstes Werk, die wissenschaftstheoretische *Logik der Forschung*. Vgl. ferner Anm. 42.

16 Broch wurde am 13.3.1938 in Altaussee, wo er im Sommerhaus seiner Freunde Trude und Ernst Geiringer wohnte, verhaftet. Die Haftzeit im Gefängnis von Bad Aussee dauerte bis zum 31.3.1938.

17 *Die Schlafwandler* (KW1), *Die Unbekannte Größe* (KW2).

18 *Die Entsühnung* im Band *Dramen* (KW7). Das Stück wurde am 15.3.1934 am Schauspielhaus Zürich unter der Regie von Gustav Hartung uraufgeführt.

19 *Die Verzauberung.* Broch stellte die erste Fassung dieses Romans Ende 1935 fertig. In der Zeit zwischen Anfang 1936 und Frühjahr 1938 (bis zum Zeitpunkt seiner Verhaftung am 13.3.1938) arbeitete er – mit Unterbrechungen – an einer zweiten Fassung. Eine dritte Überarbeitung konzipierte Broch seit 1950. Die intensive Arbeit daran fällt in die ersten Monate von 1951. Als er am 30.5.1951 starb, hatte er etwa knapp die Hälfte dieser Fassung fertiggestellt. Vgl. KW3, S. 408-413.

20 Broch spielt hier an auf das erstmals 1927 veröffentlichte Buch *La trahison des clercs* des französischen Philosophen und Schriftstellers Julien Benda (1867-1956).

21 Max Weber (1864-1920), deutscher Nationalökonom, Jurist und Soziologe. Obwohl Weber sich für die Trennung von wissenschaftlichem und politischem Handeln zugunsten einer Werturteilsfreiheit in der Wissenschaft aussprach, war er politisch engagiert. Weber war Mitbegründer der Deutschen Demokratischen Partei und Mitarbeiter des Vereins für Socialpolitik. Als Politiker trat er (wie Friedrich Naumann) für eine nationale Demokratie ein. In Brochs Wiener Bibliothek befand sich der Band: Max Weber, *Gesammelte politische Schriften* (München: Drei Masken, 1921). Vgl. KA, 270.

22 Gründer, Herausgeber und Mitarbeiter der zwischen 1751 und 1780 erschienenen *Encyclopédie.* Zusammen mit Denis Diderot (1713-1784) und Jean d'Albert wirkten etwa 150 Mitarbeiter an dem 28bändigen Werk mit, unter ihnen Voltaire, Rousseau und Montesquieu. Die Enzyklopädie, deren Grundlage das Gedankengut der Aufklärung bildete, sollte nicht nur das gesamte Wissen der Zeit zusammenfassen, sondern auch dessen innere Einheit demonstrieren.

23 In dem 1867f. erschienenen Werk *Das Kapital* entwickelte Karl Marx (1818-1883) eine Nationalökonomie, deren Ziel es ist, nachzuweisen, daß die kapitalistische Produktionsweise immanent widersprüchlich und krisenhaft ist. Nach Marx besteht das Produktionsverhältnis in der kapitalistischen Wirtschaft in einem Tauschverhältnis, bei dem das mittellose Proletariat der

Kapitalistenklasse seine Arbeitskraft zur Verfügung stellt, während diese die Produktionsmittel bereitstellt und die erbrachte Arbeitskraft des Arbeiters zu einem Tauschwert entlohnt. Der Gebrauchswert der Arbeitskraft ist jedoch höher als der Tauschwert, d. h. der Lohn, den der Arbeiter erhält. Die Differenz zugunsten des Kapitalisten bezeichnet Marx als Mehrwert. Die Ausbeutung der Arbeiterklasse durch die Bourgeoisie erfolgt über die Abschöpfung des Mehrwertes. Der in dem historisch-gesellschaftlichen Verhältnis angelegte Widerspruch zwischen dem ausgebeuteten Proletariat und der Profit akkumulierenden Kapitalistenklasse führt nach Marx zur Revolution.

24 Grundlage des Völkerbundes war die Satzung vom 28.4.1919, die in die sog. Pariser Vorortverträge (1919/20) aufgenommen wurde. Diese Staatenvereinigung zur Sicherung des Weltfriedens existierte von 1920 bis 1946. Das Unvermögen, vor allem der aggressiven Expansionspolitik Japans, Deutschlands und Italiens wirksam entgegenzutreten, minderte ihr Ansehen. Die Vereinigten Staaten traten dem Völkerbund nie bei, obwohl der amerikanische Präsident Wilson 1916 die Schaffung des Völkerbundes angeregt hatte. Japan und Deutschland traten 1933, Italien 1937 aus. 1940 schloß der Völkerbund Rußland wegen seines Angriffs auf Finnland aus.

25 Nach Eintritt der Vereinigten Staaten in den Ersten Weltkrieg forderte Präsident Woodrow Wilson (1856-1924) in einem Vierzehn-Punkte-Programm von 1918, das die Kriegsziele der USA formulierte, die Schaffung des Völkerbundes als Maßnahme zur Friedenssicherung nach Beendigung des Krieges.

26 Clarence Kirshman Streit (1889-1983), *Union Now with Britain* (New York, London: Harprecht & Brothers, 1941). Der Essay ist ein überarbeiteter Vorschlag der 1939 in New York erschienenen Schrift *Union Now. A Proposal for a Federal Union of the Democracies of the North Atlantic*. In dem Essay fordert Streit angesichts der Bedrohung demokratischer Systeme durch totalitäre Regime einen Bundesstaat, der sich aus den USA, dem Britischen Commonwealth, Frankreich, Belgien, den Niederlanden, der Schweiz, Dänemark, Norwegen, Schweden und Finnland zusammensetzen soll. Vorrangige Ziele des Bundesstaates sollten gemeinsame Staatsbürgerschaft, gemeinsame Verteidigung, ein zollfreies Wirtschaftssystem, eine gemeinsame Währung sowie

ein gemeinsames Post- und Kommunikationssystem sein. Angesichts der neuen politischen Situation von 1941 forderte Streit in *Union Now with Britain* zunächst die Vereinigung Großbritanniens und der USA als ersten Schritt hin zur künftigen größeren Föderation.

27 Hintergrund der Bemerkung ist ein während des Ersten Weltkrieges auf der Londoner Konferenz vom 26.4.1915 von den Westmächten gegebenes Versprechen, im Falle einer Aufteilung der deutschen Kolonialgebiete nach dem Kriege auch Italiens Kolonialbesitz zu vergrößern. Auf der Pariser Friedenskonferenz wurde Italiens Anspruch jedoch übergangen. Dies war möglich, weil Großbritannien, Frankreich und Belgien Teile des ehemaligen deutschen Kolonialbesitzes nicht als Kolonialeigentum, sondern als Mandatsgebiete des Völkerbundes erhielten. Italiens Protest blieb erfolglos. Obwohl Abessinien 1923 dem Völkerbund beigetreten war, erklärte sich England 1925 in einem Notenaustausch bereit, Italiens Kolonialbestrebungen im Hinblick auf Abessinien zu unterstützen. Da auf diplomatischem Wege eine Vergrößerung der Einflußsphäre Italiens in Afrika aussichtslos schien, begann Mussolini zu Beginn der dreißiger Jahre zunächst Libyen mit militärischen Mitteln zurückzuerobern. Italiens Interesse an der Ausweitung seiner Einflußsphäre in Afrika war mit der Vorstellung einer Machteindämmung des nationalsozialistischen Deutschlands (vor allem im Hinblick auf dessen mögliche Annexion Österreichs) verknüpft. Der britische Premierminister James Ramsay MacDonald und der französische Außenminister Pierre Laval folgten einer Einladung Mussolinis zu einem Treffen in Stresa vom 11.-14.4.1935, dessen Resultat ein Aufruf an alle europäischen Staaten war, den Frieden in Europa nicht zu destabilisieren. Das Stillschweigen zur Frage der expansiven italienischen Politik in Nord- und Ost-Afrika wurde von Mussolini als Tolerierung seiner Bestrebungen interpretiert. Frankreich hatte Italien bereits zu Beginn des Jahres 1935 in einem Geheimabkommen seiner Neutralität im Falle eines möglichen Krieges mit Abessinien versichert. Kurz nach der Invasion Abessiniens durch italienische Truppen am 3.10.1935 verhängte der Völkerbund jedoch ein Waffenembargo sowie Finanz- und Handelssanktionen gegen Italien. Sowohl Mussolini als auch die britische Regierung wiesen Vermittlungsversuche von französischer Seite

zurück. Dennoch kam es zu keinen militärischen Auseinandersetzungen zwischen italienischen und britischen Truppen. Als
Mussolini sich Anfang April 1936 nach dem Sieg über die abessi-
nischen Truppen zum Kaiser von Abessinien ernannte und den
Krieg für beendet erklärte, hoben die meisten Staaten, wie auch
nur wenige Monate später Großbritannien und der Völkerbund,
ihre Sanktionen gegen Italien wieder auf. Die Sanktionen hatten
sich nicht nur als erfolglos erwiesen, die Verschlechterung der
Beziehungen zwischen Italien und den Westmächten hatte zudem
die Möglichkeit einer Allianz gegen das nationalsozialistische
Deutschland zerstört.

28 Die Begriffe »Gesinnungsethik« und »Verantwortungsethik«
wurden von Max Weber in seinem Essay »Politik als Beruf« ein-
geführt. Mit ihnen werden zwei Möglichkeiten politischen Verhaltens beschrieben. Als Gesinnungsethik gilt Max Weber das
Verhalten, das an einer idealen und radikalen Ethik trotz der
Erkenntnis der Aussichtslosigkeit einer solchen Einstellung fest-
hält. Weber verneint die Tauglichkeit eines »gesinnungsethi-
schen« Verhaltens in einer politischen Welt, in der eine ethische
Gesamtdeutung nicht existiert. Im Gegensatz zum Gesinnungs-
ethiker handelt der Verantwortungsethiker unter realpolitischen
Gesichtspunkten im Interesse seiner politischen Macht. Verantwortung versteht Weber nicht in erster Linie als Fürsorge, sondern als das Einstehen für das eigene Handeln, für dessen Folgen
man aufzukommen habe.

29 Zu Brochs Werttheorie der dreißiger Jahre vgl. vor allem seinen
Aufsatz »Logik einer zerfallenden Welt« von 1931 (KW10/2,
156-171) sowie die Essayfolge »Zerfall der Werte« im dritten
Band von Brochs Romantrilogie *Die Schlafwandler* (KW1).

30 Vgl. Hermann Broch, »Völkerbund-Resolution« (1937), KW11,
195-231.

31 Gemeint sind die ursprünglichen Statuten des Völkerbundes von
1919, die 1920 in Kraft traten, im Gegensatz zu den neuen Statuten nach der Revision von 1936. Die alten Statuten enthielten
bereits Artikel, die die Einrichtung gerechter und humaner Ar-
beitsbedingungen vorsahen (Artikel XXIII). Im gleichen Artikel
wird die gerechte Behandlung von Ureinwohnern auf dem Gebiet
der Mitgliedsstaaten gefordert. Artikel XXII garantierte die Einhaltung der Gewissens- und Religionsfreiheit in den Mandats-

gebieten des Völkerbundes. In Artikel I und VIII verpflichteten sich die Mitgliedsstaaten, den Forderungen des Völkerbundes hinsichtlich der Abrüstung und der Rüstungskontrolle zu entsprechen.

32 Das ist ein Punkt, den Broch selbst besonders ernst nahm. Er hatte bereits 1939 einen »Vorschlag zur Gründung eines Forschungsinstitutes für politische Psychologie und zum Studium von Massenwahnerscheinungen« (KW12, 11-42) ausgearbeitet. Dieser Entwurf enthielt den Grundriß seiner Studie *Massenwahntheorie. Beiträge zu einer Psychologie der Politik* (KW12).

33 Broch stand 1937 in dieser Angelegenheit in Korrespondenz u.a. mit Jacques Maritain, Albert Einstein, Stefan Zweig, Aldous Huxley und Thomas Mann.

34 Vgl. Anm. 15.

35 Vgl. dazu auch Brochs Selbstkommentare im Anhang zum Roman *Der Tod des Vergil* (KW4, 457-505). Broch veröffentlichte den Roman 1945 gleichzeitig auf Deutsch und auf Englisch bei Pantheon Books in New York.

36 Sowohl die Unabhängigkeitserklärung der dreizehn sich etablierenden amerikanischen Staaten vom 4.7.1776 als auch die französische Erklärung der Menschen- und Bürgerrechte vom 26.8.1789 berufen sich auf die Menschenrechte als selbstevidente Naturrechte, die als unveräußerlich verstanden werden, auf der bloßen Existenz als Mensch beruhen und keiner Sanktion bedürfen. Die Vorstellung von Menschenrechten als Naturrechten wurde in der Aufklärung entwickelt. Die amerikanische *Declaration of Independence* faßt Gleichheit, Leben, Freiheit und das Streben nach Glück als Menschenrechte auf, und die *Déclaration des droits de l'homme et du citoyen* zählt Freiheit, Eigentum, Sicherheit und Widerstand gegen Unterdrückung zu den natürlichen und unveräußerlichen Menschenrechten.

37 Bei der »Bill of Rights« handelt es sich um zehn Zusätze (»Amendments«) zur Verfassung der USA von 1787, die die Grundrechte festlegen. Dieser Grundrechtskatalog ist seit 1791 in Kraft.

38 Der Oberste Gerichtshof (»Supreme Court«) ist in den USA das höchste Organ der Judikative. Es ist sowohl das oberste Berufungsgericht als auch das Gericht, das über die Einhaltung der

Verfassung wacht und zur Auslegung der Verfassung berechtigt ist.

39 Seit dem 2. Jahrhundert v. Chr. Bezeichnung für die Garde römischer Befehlshaber, seit Kaiser Augustus die Leibwache der römischen Cäsaren. Unter den Cäsaren hatte die Prätorianergarde zunächst neun, später zehn Kohorten zu je tausend Mann. Die Mitglieder dieser Garde unterschieden sich von den übrigen Truppen durch höheren Sold, kürzere Dienstzeit und besondere Feldzeichen. Im Lauf der Zeit gewann die Prätorianergarde großen politischen Einfluß, so daß sie Kaiser ab- und einsetzte. Aufgehoben wurden sie durch Kaiser Konstantin.

40 Nach der »Declaration of Independence« der USA von 1776 werden Regierungen zur Sicherung der Grundrechte eingesetzt, die ihre Legitimation durch die Zustimmung der Regierten erhalten. Zugleich schreibt die Unabhängigkeitserklärung das Recht der Regierten fest, eine Regierung, die die Grundrechte der Bürger verletzt, abzusetzen und eine neue Regierung einzurichten.

41 Die Präambel der Verfassung der USA definiert die Verfassung als Einrichtung des Volkes. Artikel I bis III legen die Aufgaben der Legislative, Exekutive und Judikative und deren gegenseitige Kontrolle fest. Das aktive Wahlrecht wird in den Zusätzen (»Amendments«) geregelt.

42 Broch gebraucht hier Begriffe (vgl. Anm. 15), wie sie vier Jahre später vergleichbar in dem Buch seines Landsmannes und Exilgefährten Karl Raimund Popper *The Open Society and Its Enemies* (1945) benutzt werden. Dort wendet sich Popper wie vorher schon Broch gegen geschlossene politische Systeme mit autoritären Herrschaftsformen.

43 Broch hatte bereits 1939 eine längere Studie mit dem Titel »Zur Diktatur der Humanität innerhalb einer totalen Demokratie« geschrieben. (Vgl. KW11, 24-68.)

44 Broch war seit 1939 Mitglied einer Gruppe von amerikanischen und emigrierten europäischen Intellektuellen, die sich um eine Intensivierung des demokratischen Lebens bemühte und sich für die Propagierung der demokratischen Staatsform einsetzte. Diesem Kreis gehörten ferner an: Herbert Agar, Frank Aydelotte, Giuseppe Antonio Borgese, Van Wyck Brooks, Ada L. Comstock, William Yandell Elliott, Dorothy Canfield Fisher, Christian Gauss, Oscar Jaszi, Alvin Johnson, Hans Kohn, Thomas

Mann, Lewis Mumford, William Allan Neilson, Reinhold Niebuhr und Gaetano Salvemini. Sie zeichneten als Autoren des Buches *The City of Man. A Declaration on World Democracy* (New York: Viking Press, 1940). Broch übernahm die Ausarbeitung des dritten Vorschlags, in dem es um volkswirtschaftliche Aspekte ging. (Vgl. KW11, 81-90.)

45 Gemeint ist die von Churchill und Roosevelt am 14.8.1941 unterzeichnete Atlantikcharta. Die acht Punkte umfassende Erklärung fordert den Verzicht auf Annexionen, das Selbstbestimmungsrecht der Völker, vor allem auch im Hinblick auf die Wahl der Herrschaftsform, den freien und gleichberechtigten Zugang zu den Rohstoffen der Erde und den Aufbau eines kollektiven Sicherheitssystems. Für Staaten, die sich der Aggression schuldig gemacht hatten, sah die »Atlantikcharta« eine vollständige Entmilitarisierung vor.

46 Nach der amerikanischen Unabhängigkeitserklärung von 1776 gehört das »Streben nach Glück« zu den unveräußerlichen Grundrechten des Menschen.

47 Französische Koalition aus linken und linksradikalen Parteien und Gruppierungen, deren Ziel es war, sich gegenüber faschistischen Bewegungen in Frankreich zur Wehr zu setzen. Die »Front populaire« wurde auf einer Großkundgebung am 14.7.1935 in Paris ins Leben gerufen. Die Koalition, die von Mitgliedern der Liga für Menschenrechte bis zu Vertretern der kommunistischen Partei Frankreichs reichte, bestand bis 1938.

48 Im US-Bundesstaat Pennsylvania wurden damals 99 Prozent der Kohle für den amerikanischen Rohstoffmarkt gefördert.

49 William Z. Foster (1881-1961) war von 1929 bis 1944 Vorsitzender des Zentralkomitees der Communist Party of the U.S.A.

50 Mit den wichtigen Banken und der New York Stock Exchange ist die New Yorker Wall Street an der Südspitze von Manhattan das Finanzzentrum der USA. Symbolisch steht sie für die Macht des Finanzkapitals.

51 Der vor allem von Adam Smith (1723-1790), David Ricardo (1772-1823) und James Mill (1773-1836) geprägte klassische Liberalismus sieht den Markt als einen sich selbst regulierenden Mechanismus, in dem das freie Spiel der Kräfte zu einer gerechten Verteilung der Wirtschaftsgüter führe, da er sozialen Aufstieg und Erwerb von Gütern den Leistungen entsprechend ermög-

liche. Die Grundkraft der Wirtschaft liege im ökonomischen Eigeninteresse der Individuen, die sich in freiem Wettbewerb begegneten. Die »unsichtbare Hand« des Eigeninteresses (Adam Smith: *An Inquiry into the Nature and Causes of the Wealth of Nations*) führe zu einem Gleichgewicht der Kräfte. Das Zustandekommen von Krisen liege somit in einer Verschiebung von Angebot und Nachfrage, die sich aber wieder von selbst regele. Der Staat hat im Liberalismus die Aufgabe, vollständige Konkurrenz zu ermöglichen, indem er Sicherheit gewährleistet, für Bildung Sorge trägt und im Falle wirtschaftlicher Machtkonzentration (Kartelle, Monopole) marktkonform interveniert.

52 In Deutschland kam es 1923 infolge der Inflation zum Zusammenbruch des Währungssystems. Die durch den Börsensturz der New York Stock Exchange vom Oktober 1929 ausgelöste Krise der amerikanischen Wirtschaft führte in den folgenden Jahren zu einer weltweiten ökonomischen Depression mit der Folge von hoher Arbeitslosigkeit und schrumpfendem Nationaleinkommen.

53 Wie Brochs Beitrag zur »City of Man« zu entnehmen ist (KW11, 81-87), sind hier Arbeiten der amerikanischen Volkswirtschaftler Thorsten Veblen (1857-1929) – *The Theory of the Leisure Class. An Economic Study in the Evolution of Institutions* (1899) – und Henry George (1839-1897) – *Progress and Poverty. An Inquiry into the Case of Industrial Depressions and of Increase of Want with Increase of Wealth. The Remedy* (1879) – gemeint.

54 Die von Präsident Roosevelt aus dem Kartenspiel (neue Austeilung) übernommene Bezeichnung für sein staatsinterventionistisches Reformprogramm zur Überwindung der Wirtschafts- und Staatskrise der USA in den dreißiger Jahren. Da bei diesem Programm Gesichtspunkte der sozialen Reform und der Überwindung der Depression und hier wieder der Produktionsbeschränkung und der Kaufkraftsteigerung gegeneinanderstanden, blieb es in sich widersprüchlich. In der ersten Phase (1933-35) überwogen Notstandsmaßnahmen zur Sanierung des Bank- und Börsenwesens sowie zur Eindämmung von Produktion und Konkurrenz. Die zweite Phase (1935-38) enthielt vor allem Maßnahmen zur Disziplinierung der Großunternehmer und einer arbeiterfreundlichen Sozialgesetzgebung (National Security Act von 1935). Der New Deal wurde häufig als der »dritte Weg« zur Be-

wältigung der Krise der kapitalistischen Wirtschaft jenseits von Kommunismus und Faschismus bezeichnet.

55 Karl Marx hatte im *Manifest der Kommunistischen Partei* (1848) die Selbstzerstörung des Kapitalismus vorausgesagt.

56 Der Zusammenbruch der amerikanischen Wirtschaft im Jahre 1929 führte zu einer weltweiten Rezession, die 1932 ihren Tiefpunkt erreichte (sechs Millionen Arbeitslose in Deutschland).

57 Broch las 1940 volkswirtschaftliche Studien von William Yandell Elliott, John Maynard Keynes und John Strachey.

58 Vgl. Anm. 54.

59 Vgl. Anm. 32; ferner KW11, 236.

60 Vgl. Anm. 15 und 42.

61 An dieser Stelle fährt Broch mit seiner *Massenwahntheorie* fort. (Vgl. KW12, 258-456.)

Nachwort

1 Vgl. z.b. *Hermann Broch – Daniel Brody. Briefwechsel 1930-1951,* hrsg. v. Bertold Hack und Marietta Kleiß (Frankfurt/Main: Buchhändler-Vereinigung, 1971); *Hermann Broch. Briefe über Deutschland 1945-1949. Die Korrespondenz mit Volkmar von Zühlsdorff,* hrsg. v. Paul Michael Lützeler (Frankfurt/Main: Suhrkamp, 1986); *Hannah Arendt – Hermann Broch. Briefwechsel 1946 bis 1951,* hrsg. v. Paul Michael Lützeler (Frankfurt/Main: Jüdischer Verlag im Suhrkamp Verlag, 1996).

2 Vgl. dazu besonders den dritten Band, in dem Broch häufig erwähnt wird: Elias Canetti, *Das Augenspiel. Lebensgeschichte 1931-1937* (München: Carl Hanser, 1985).

3 Zur Theorie der Autobiographie vgl. die neueren Untersuchungen von Philippe Lejeune, *Le Pacte autobiographique* (Paris: Seuil, 1975); Bernd Neumann, *Identität und Rollenzwang: Zur Theorie der Autobiographie* (Frankfurt/Main: Athenäum, 1970); James Olney, *Metaphors of Self: The Meaning of Autobiography* (Princeton: Princeton University Press, 1972).

4 Vgl. Friedrich Vollhardt, *Hermann Brochs geschichtliche Stellung* (Tübingen: Niemeyer, 1986); Monika Ritzer, *Hermann Broch und die Kulturkrise im frühen 20. Jahrhundert* (Stuttgart: Metzler, 1988).

5 Vgl. Paul Michael Lützeler, »Menschenrecht und Demokratie: Hermann Brochs politische Essays«, in: ders., *Klio oder Kalliope? Literatur und Geschichte* (Berlin: Erich Schmidt, 1997), S. 109-118. Vgl. ferner: Monika Klinger, *Hermann Broch und die Demokratie* (Berlin: Duncker & Humblot, 1994).

6 Vgl. dazu das »Nachwort« des Herausgebers in: Hermann Broch, *Geist und Zeitgeist. Essays zur Kultur der Moderne* (Frankfurt/Main: Suhrkamp, 1997), S. 231-255.

7 Die leicht zu identifizierenden Arbeiten Freuds zu diesen Themenbereichen wurden in dieser Ausgabe nicht eigens nachgewiesen. Vgl. Sigmund Freud, *Gesammelte Werke. Chronologisch geordnet* (Frankfurter Ausgabe des S. Fischer Verlags).

8 Alfred Adler, *Studien über die Minderwertigkeit von Organen* (1907).

9 Zum Thema Kindheit in Brochs literarischem Werk vgl. Peter Bruce Waldeck, *Die Kindheitsproblematik bei Hermann Broch* (München: Fink, 1968).

10 Auf das Erlebnis seiner Entdeckung des Ichs in der Kindheit kommt Broch auch in zwei Tagebucheintragungen von 1920 zu sprechen. Vgl. TTA, 119, 127.

11 Vgl. dazu: Gisela Roethke, *Zur Symbolik in Hermann Brochs Werken: Platons Höhlengleichnis als Subtext* (Tübingen: Francke, 1992).

12 Ein Hochstapler ist die zentrale Figur in Brochs Komödie (KW7, 235-309). Vgl. dazu den Aufsatz von Jürgen H. Petersen, »Hermann Brochs Komödie *Aus der Luft gegriffen oder die Geschäfte des Baron Laborde,* in: *Hermann Broch,* hrsg. v. Paul Michael Lützeler (Frankfurt/Main: Suhrkamp, 1986), S. 135-147.

13 Vgl. Brochs Verlagsgutachten zu diesem Buch in KW10/1, 279-280.

14 Vgl. dazu Brochs Briefe an Ruth Norden und Annemarie Meier-Graefe in den Briefbänden KW13/1-3.

15 Vgl. Heinrich von Kleist, *Briefe 1793-1804*, Gesamtausgabe, hrsg. v. Helmut Semdner, Bd. 6 (München: dtv, 1964), S. 110ff.

16 Vgl. dazu allgemein: Walter E. Riedel, *Der neue Mensch. Mythos und Wirklichkeit* (Bonn: Bouvier, 1970).

17 Vgl. Manfred Durzak, »Das Vorbild seiner Jugend: Otto Weininger«, in: ders., *Hermann Broch. Der Dichter und seine Zeit* (Stuttgart: Kohlhammer, 1968), S. 24-34. Ferner allgemein: *Otto*

Weininger. Werk und Wirkung, hrsg. v. Jacques Le Rider und Norbert Leser (Wien: Österreichischer Bundesverlag, 1984).

18 Martin Buber, *Ich und Du* (Leipzig: Insel, 1923).

19 Zum Don Quijote-Thema in Brochs *Schlafwandlern* vgl. Paul Michael Lützeler, »Zur Avantgarde-Diskussion der dreißiger Jahre: Lukács, Broch und Joyce«, in: ders., *Zeitgeschichte in Geschichten der Zeit* (Bonn: Bouvier, 1986), S. 109-140; zum Don Juan-Motiv siehe: Michael Winkler, »Brochs Roman in elf Erzählungen *Die Schuldlosen*«, in: *Hermann Broch*, hrsg. v. Paul Michael Lützeler (Frankfurt/Main: Suhrkamp, 1986), S. 183-198.

20 Hannah Arendt, »Einleitung zu den Essay-Bänden von Hermann Broch«, ABB, 185.

21 Vgl. Michael Mason, *The Making of Victorian Sexuality* (Oxford und New York: Oxford University Press, 1995) sowie *Ornament und Askese im Zeitgeist des Wien der Jahrhundertwende*, hrsg. v. Albert Pfabigan (Wien: Christian Brandstätter, 1985), darin besonders die Aufsätze von Peter Haiko und Mara Reissberger, Werner Hofmann und Jacques Le Rider.

22 Vgl. Hartmut Scheible, *Liebe und Liberalismus. Über Arthur Schnitzler* (Bielefeld: Aisthesis, 1996); ferner: Ulrich Weinzierl, *Arthur Schnitzler. Lieben. Träumen. Sterben* (Frankfurt/Main: S. Fischer), 1994.

23 Jean Starr Untermeyer übersetzte Brochs *Tod des Vergil* ins Englische. Vgl. ihre Autobiographie, *Private Collection* (New York: Knopf, 1965) mit dem Abschnitt über Broch »Midwife to a Masterpiece«, S. 218-227.

24 Vgl. *Verbannung. Aufzeichnungen deutscher Schriftsteller im Exil*, hrsg. v. Egon Schwarz und Matthias Wegner (Hamburg: Christian Wegner Verlag, 1964).

25 Hannah Arendt, »Nicht mehr und noch nicht: Hermann Brochs *Der Tod des Vergil*«, in: ABB, S. 169-174.

Zeittafel

Genannt werden die wichtigsten biographischen Daten und die Titel von Brochs Schriften, wie sie in der Kommentierten Werkausgabe (KW) vorliegen. Folgende Abkürzungen wurden benutzt: A: Ansprache; B: Betrachtung; Br: Brief; D: Drama; E: Erzählung; F: Fragment; Fi: Filmskript; G: Gedicht; Gu: Gutachten; I: Interview; K: Kurzgeschichte; M: Miszelle; N: Novelle; Na: Nachruf; P: Pamphlet; R: Roman; Re: Rezension; St: Studie; V: Vortrag. Es folgt die Quellenangabe der Erstpublikation und die entsprechende Seitenangabe der KW. Hat Broch die Arbeit selbst nicht veröffentlicht, folgt nur die Seitenangabe aus der KW.

1886 Am 1. November wird Hermann Broch in Wien geboren. Der Vater, Josef Broch, ist Textilgroßhändler; er stammt aus einer armen jüdischen Familie in Proßnitz/Mähren. Die Mutter, Johanna Broch, geb. Schnabel, ist Tochter eines jüdischen Ledergroßhändlers aus Wien. Die Brochs wohnen im 1. Bezirk Wiens, im sog. Textilviertel.

1889 Am 17. Dezember wird Brochs Bruder Friedrich geboren.

1892-1897 Im Herbst 1892 wird Broch in der Volksschule des 1. Bezirks in Wien angemeldet. Er erhält Privatunterricht während der ersten vier Jahre.

1897-1904 Besuch der K. K. Staats-Realschule im 1. Bezirk Wiens. Realschul-Matura im September 1904. Brochs Hauslehrer sind David Bach (bis 1900) und August Lechner.

1904-1906 Besuch der Höheren Lehr- und Versuchsanstalt für Textilindustrie in Wien. Gasthörer der Philosophie, Mathematik und Physik an der Universität Wien im Wintersemester 1904/1905, u. a. bei Ludwig Boltzmann.

1906-1907 Fortsetzung und Abschluß des Studiums zum Textilingenieur an der Oberen Spinn- und Webeschule zu Mülhausen im Elsaß. Erfindung und Patentierung einer Baumwoll-Mischmaschine (mit Heinrich Brüggemann). Geschäftsreise in die USA (New York und Atlanta/Georgia) zur Information über die Baumwollproduktion (Anfang Oktober bis Mitte November 1907). Ende 1907 tritt Broch als Assistenzdirektor in die Spinnfabrik ›Teesdorf‹ (in Teesdorf bei Wien) ein, die sein Vater ein Jahr zuvor erworben hatte. Gleichzeitig kauft Josef Broch eine Etage des Hauses Gonzagagasse 7 (1. Bezirk Wiens) als Wohnung und Verwaltungsgebäude.

1909 Militärische Ausbildung als Einjährig-Freiwilliger von Mai bis Oktober bei den Ulanen in Wien und bei den Kanonieren in Agram (Zagreb); Abschied aus gesundheitlichen Gründen. Übertritt zum katholischen Glauben im Juli. Im Herbst wird Broch Verwaltungsrat in der Spinnfabrik ›Teesdorf‹. Heirat mit Franziska von Rothermann, der Tochter eines Zuckerfabrikanten aus Hirm/Burgenland am 11. Dezember in Baden bei Wien.
– *Kultur 1908/1909 (St), KW 10/1, S. 11-30.*
– *Sonja (Teil eines R), KW 6, S. 267-276.*

1910 Geburt des Sohnes Hermann Friedrich Maria am 4. Oktober.

1911 – *Ornamente: Der Fall Loos (M), KW 10/1, S. 32-33.*

1912 – *Notizen zu einer systematischen Ästhetik (St), KW 9/2, S. 11-31.*

1913 Publikation erster Arbeiten in der von Ludwig von Ficker herausgegebenen Innsbrucker kulturellen Zeitschrift ›Der Brenner‹:
– *Philistrosität, Realismus, Idealismus der Kunst (St). In: Der Brenner 3/9 (1.2.1913), S. 399-415. KW 9/1, S. 13-26.*
– *Antwort auf eine Rundfrage über Karl Kraus (M). In: Der Brenner 3/18 (15.6.1913), S. 849-850. KW 9/1, S. 32-33.*
– *Mathematisches Mysterium (G). In: Der Brenner 4/3 (1.11.1913), S. 136. KW 8, S. 13.*

1914 Seit September Leitung eines Rote Kreuz-Lazaretts für Leichtverwundete, das sich auf dem Gelände der Spinnfabrik ›Teesdorf‹ befindet.
– *Ethik. Unter Hinweis auf H. St. Chamberlains Buch ›Immanuel Kant‹ (St). In: Der Brenner 4/14 (1.5.1914), S. 684-690. KW 10/1, S. 243-248.*
– *Beginnende Liebe (G). KW 8, S. 14.*

1915 Leitender Verwaltungsrat der Spinnfabrik ›Teesdorf‹.
– *Vier Sonette über das metaphysische Problem der Wirklichkeitserkenntnis (G). KW 8, S. 15-17.*

1916 Autodidaktisches Studium der Werttheorie. Stammgast im Café Central und im Café Herrenhof in Wien.
– *Otto Kaus, Dostojewski. Zur Kritik der Persönlichkeit. Ein*

*Versuch. In: Die Aktion 6 (1916), S. 578-579. KW 10/1,
S. 250-251.*

1917 Bekanntschaft mit Franz Blei, Gina Kaus, Robert Musil, Paul
Schrecker, Alfred Polgar und Ea von Allesch. Beiträge für
Franz Bleis Kulturzeitschrift ›Summa‹:
- *Zolas Vorurteil (St). In: Summa 1/1 (1917), S. 155-158.
KW 9/1, S. 34-38.*
- *Morgenstern (St). In: Summa 1/2 (1917), S. 150-154.
KW 9/1, S. 41-47.*
- *Zum Begriff der Geisteswissenschaften (St). In: Summa 1/3
(1917), S. 199-209. KW 10/1, S. 115-129.*

1918 Freundschaft mit Edit Rényi und Milena Jesenská.
- *Eine methodologische Novelle (N). In: Summa 2/3 (1918),
S. 151-159, KW 6, S. 11-23.*
- *Bitteres, spätes Gebet; nach Edit Rényi »Keserü, késö
imádság« (G). In: Die Aktion 8/31-32 (10.8.1918), S. 410-
411. KW 8, S. 75-76.*
- *Schmerzloses Opfern; nach Edit Rényi »Vermaró télböl
havazik a lelkem ...« (G). In: Die Aktion 8/37-38 (1.9.1918),
S. 479. KW 8, S. 78.*
- *Heinrich von Stein: Gesammelte Dichtungen (Re). In: Summa 2/3 (1918), S. 166-169. KW 9/1, S. 337-341.*
- *Konstruktion der historischen Wirklichkeit (St). In: Summa
2/4 (1918), S. I-XVI. KW 10/2, S. 23-40.*
- *Die Straße (Offener Brief an Franz Blei). In: Die Rettung 1/
3 (20.12.1918), S. 25-26. KW 13/1, S. 30-34.*

1919-1921 Bekanntschaft mit Georg Lukács, Karl Mannheim und
Béla Balázs. Broch verkehrt im Salon von Hugo und Broncia
Koller in Oberwaltersdorf. Zahlreiche Rezensionen über literarische Neuerscheinungen für die ›Moderne Welt‹, eine Wiener illustrierte Zeitschrift für Kunst, Literatur und Mode (vgl.
KW 9/1, S. 344-378). Vorstandsmitglied des Fachverbandes
der Textilindustrie Österreichs. Studium der Mathematik und
Ökonomie an der Technischen Hochschule Wien im Wintersemester 1919/1920. Ehrenamtliche Tätigkeit am Gewerbegericht in Wiener Neustadt in einer Kommission zur Beilegung von Konflikten zwischen Arbeitern und Unternehmern
(bis 1922); für diese Arbeit erhält Broch den Titel eines Kom-
merzialrates. Seit 1920 mathematische Studien mit Ludwig
Hofmann (bis 1925). Verhältnis mit Ea von Allesch.

– *Kommentar zu Hamlet (D, F). KW 6, S. 278-286.*
– *Antlitz des Alltags (G). KW 8, S. 18.*
– *Zur Erkenntnis dieser Zeit (St). KW 10/2, S. 11-77.*
– *Konstitutionelle Diktatur als demokratisches Rätesystem
(P). In: Der Friede 3/64 (11.4.1919), S. 269-273. KW 11,
S. 11-23.*
– *Wasserkräfte und Abfallenergien im Wiener Überlandnetz
(St). In: Der Neue Tag (Wien). Nr. 159 (31.8.1919), S. 11.*
– *Ophelia (N). KW 6, S. 24-36.*
– *Und immer später wird die Nacht (G). KW 8, S. 20.*
– *Der Theaterkritiker Polgar (St). In: Neue Rundschau 31/1
(Mai 1920), S. 655-656. KW 9/1, S. 49-51.*
– *Der Kunstkritiker (Dem Theaterkritiker A. P.) (St). In: Die
Rettung 2/6 (1920), S. 78-80. KW 9/2, S. 36-41.*
– *Theorie der Geschichtsschreibung und der Geschichtsphilo-
sophie (St). KW 10/2, S. 94-154.*
– *Das Teesdorfer Tagebuch für Ea von Allesch.*
– *Der Schriftsteller Franz Blei (Zum fünfzigsten Geburtstag).
In: Prager Presse (20.4.1921). KW 9/1, S. 53-57.*
– *Lorenz von Stein: Geschichte der sozialen Bewegung in
Frankreich (Re). KW 10/1, S. 255-256.*

1922 – *Die Tänzerin (G). KW 8, S. 21.*
– *Die erkenntnistheoretische Bedeutung des Begriffes ›Revo-
lution‹ und die Wiederbelebung der Hegelschen Dialektik. Zu
den Büchern Arthur Lieberts (Re). In: Prager Presse (Beilage
›Dichtung und Welt‹) 2/206 (30.7.1922), S. III-IV. KW 10/1,
S. 255-262.*
– *Typus des Kritikers. Alfred Polgar (St). In: Prager Presse
(10.9.1922), S. II-III.*
– *Max Adler: Marx als Denker, Engels als Denker (Re). In:
Kantstudien 27/1-2 (1922), S. 184-186. KW 10/1, S. 264-
267.*

1923-1924 Die Ehe mit Franziska von Rothermann wird am
13. April 1923 in Wien geschieden. Broch widmet sich wieder
verstärkt seiner Arbeit als Industrieller.

1925-1926 Studium der Philosophie (Positivismus des Wiener Kreises), der Mathematik und Physik an der Universität Wien (bis
1930) bei Moritz Schlick, Rudolf Carnap, Wilhelm Wirtinger,
Hans Hahn; u. a. Bekanntschaft mit Karl Bühler. Broch

verkehrt in Wiener Salons von Genia Schwarzwald, Bertha Zuckerkandl und Alma Mahler-Werfel.

– *Genesis des Wahrheitsproblems innerhalb des Denkens und seine Lokalisierung im Rahmen der idealistischen Kritik (St). KW 10/2, S. 207-232.*

1927 Verkauf der Spinnfabrik ›Teesdorf‹ an den Jugendfreund Felix Wolf. Beginn der psychoanalytischen Behandlung bei Hedwig Schaxel. Broch lernt Anna Herzog kennen.

1928-1929 Entstehung der Romantrilogie ›Die Schlafwandler‹. Freundschaft mit Frank Thiess.

– *Huguenau (N). KW 6, S. 37-126.*

– *Albert Spaier: La pensée et la quantité (Re). In: Annalen der Philosophie (Literaturbericht), Bd. VII (1928), S. 112. KW 10/1, S. 268.*

– *Die sogenannten philosophischen Grundfragen einer empirischen Wissenschaft (St). KW 10/1, S. 131-145.*

1930-1931 Vertrag mit Daniel Brody, Leiter des Rhein-Verlags in München und Zürich, über die Publikation der ›Schlafwandler‹.

– *Die Schlafwandler. Der erste Roman. Pasenow oder die Romantik. 1888 (R). (München-Zürich: Rhein-Verlag, 1931 [statt richtig 1930]). KW 1, S. *-179.*

– *Franz Blei: Formen der Liebe (Re). KW 9/1, S. 379-380.*

– *Die Schlafwandler. Der zweite Roman. Esch oder die Anarchie. 1903 (R) (München-Zürich: Rhein-Verlag, 1931). KW 1, S. 181-381.*

– *Nachruf auf Georg Heinrich Meyer (Na). KW 9/1, S. 380.*

– *Logik einer zerfallenden Welt (St). In: Wiedergeburt der Liebe. Die unsichtbare Revolution. Hrsg. v. Frank Thiess (Berlin: Zsolnay, 1931), S. 361-380. KW 10/2, S. 156-171.*

1932 Die ›Schlafwandler‹ werden von der Kritik stark beachtet, sind aber kein Verkaufserfolg. Vortrag ›James Joyce und die Gegenwart‹ am 22. April an der Volkshochschule Ottakring in Wien. Mitte Juli zieht Broch um von Wien nach Gößl am Grundlsee (Salzkammergut), wo er bis Ende September wohnt. Hier entsteht das Drama ›Die Entsühnung‹ (KW 7, S. 11-234). Im Herbst lernt er in München Auguste von Horváth kennen. Arbeit am Fragment gebliebenen ›Filsmann‹-Roman (KW 6, S. 287-325).

– *Die Schlafwandler. Der dritte Roman. Huguenau oder die Sachlichkeit. 1918 (R)* (München-Zürich: Rhein-Verlag, *1932). KW 1, S. 383-716.*
– *Landschaft (G). KW 8, S. 22.*
– *Schattenhaftes Liebeslied (G). KW 8, S. 23.*
– *Verwandlung, nach Edwin Muir: › The Threefold Place‹ (G). In: Die Literarische Welt 8/36-37 (2.9.1932), S. 5. KW 8, S. 80.*
– *Leben ohne platonische Idee (St). In: Die Literarische Welt 8/32 (5.8.1932), S. 1, 4. KW 10/1, S. 46-52.*
– *Pamphlet gegen die Hochschätzung des Menschen (P). KW 10/1, S. 34-44.*
– *Zur Geschichte der Philosophie (St). KW 10/1, S. 147-166.*
– *Das Unmittelbare in Philosophie und Dichtung (St). KW 10/1, S. 167-189.*

1933 Vortrag ›Das Weltbild des Romans‹ (KW 9/2, S. 89-117) am 17. März in der Volkshochschule Ottakring. Zwischen Juli und November entsteht der Roman ›Die Unbekannte Größe‹, der am Jahresende bei S. Fischer in Berlin erscheint (KW 2, S. 11-142). Broch schreibt sechs ›Tierkreis‹-Erzählungen:
– *Eine leichte Enttäuschung. In: Neue Rundschau 44/1 (April 1933), S. 502-517. KW 6, S. 127-144.*
– *Vorüberziehende Wolke. In: Frankfurter Zeitung 77/294-296 (21.4.1933), S. 9. KW 6, S. 144-154.*
– *Ein Abend Angst. In: Berliner Börsen-Courier Nr. 363, 2. Beilage (6. August 1933), S. 9-10. KW 6, S. 155-162.*
– *Die Heimkehr. In: Neue Rundschau 44/2 (Dezember 1933), S. 765-795. KW 6, S. 162-196.*
– *Der Meeresspiegel. In: Die Welt im Wort 1/13 (28. Dezember 1933), S. 3-4. KW 6, S. 196-205.*
– *Esperance. KW 6, S. 205-221.*
– *Da ich dich nicht mehr erkenne (G). KW 8, S. 26.*
– *Im brennenden Antlitz der Erde (G). KW 8, S. 27.*
– *Nachtwiese im September (G). KW 8, S. 30.*
– *Denkerische und dichterische Erkenntnis (St). In: Kölnische Zeitung, Nr. 381, 2. Sonntagsausgabe (16.7.1933). KW 9/2, S. 43-49.*
– *Neue religiöse Dichtung? (St). In: Berliner Börsen-Courier, Nr. 462 (3.10.1933), S. 7. KW 9/2, S. 53-57.*

– *Das Böse im Wertsystem der Kunst (St).* In: *Neue Rundschau 44/2 (August 1933), S. 157-191. KW 9/2, S. 119-156.*

– *Einleitung zu einer Canetti-Lesung (M). KW 9/1, S. 59-61.*

– *Zwei Bücher von Franz Kafka (M).* In: *Die Welt im Wort (Beiblatt) (21. Dezember 1933), S. 2. KW 9/1, S. 381.*

– *Die Kunst am Ende einer Kultur (V). KW 10/1, S. 53-58.*

1934 Uraufführung des Dramas ›Die Entsühnung‹ am 15. März im Schauspielhaus Zürich. Regie: Gustav Hartung. Freundschaft mit Elias Canetti, Anna Mahler, Karola und Ernst Bloch, Ernst Krenek und Fritz Wotruba. Auf Einladung des Wiener Kulturbundes hält Broch am 18. April im Österreichischen Museum den Vortrag ›Geist und Zeitgeist‹ (KW 9/2, S. 177-200). Im Frühjahr und Sommer entstehen die beiden – damals nicht aufgeführten – Komödien ›Aus der Luft gegriffen oder die Geschäfte des Baron Laborde‹ (KW 7, S. 235-309) und ›Es bleibt alles beim Alten‹ (KW 7, S. 311-400). Im Herbst Umzug nach Baden bei Wien, wo er bis Anfang 1935 wohnt.

– *Im goldnen Licht die Hügel (G). KW 8, S. 31.*

– *Such ich dich (G). KW 8, S. 34.*

– *Mitte des Lebens (G). KW 8. S. 36-38.*

– *Erneuerung des Theaters? (M).* In: *Wiener Zeitung, Nr. 314 (11.11.1934), S. 3. KW 9/2, S. 58-60.*

– *Theologie, Positivismus und Dichtung (St). KW 10/1, S. 191-238.*

– *Gedanken zum Problem der Erkenntnis in der Musik (St).* In: *Almanach. ›Das 48. Jahr‹ (Berlin: S. Fischer, 1934), S. 53-66. KW 10/2, S. 234-245.*

1935 Anfang des Jahres Umzug von Baden bei Wien nach Laxenburg bei Wien, wo Broch von dem befreundeten Ehepaar Ferand in der Schule Hellerau (im Laxenburger Schloß) ein Zimmer angeboten bekommt. Er lebt dort bis Anfang Juli. Nach einem kurzen Zwischenaufenthalt in Wien und einem siebenwöchigen Besuch bei den Brodys in München zieht er Anfang September nach Mösern/Tirol, um sich ganz der Arbeit an seinem neuen Roman ›Die Verzauberung‹ (KW 3) widmen zu können. Er wohnt dort bis Juli 1936. Gedichte in: ›Patmos. Zwölf Lyriker‹. Hrsg. v. Ernst Schönwiese (Wien: Johannes-Presse, 1935):

– *Eh ich erwacht, S. 57. KW 8, S. 33.*

– *Über die Felswand, S. 58. KW 8, S. 24.*
– *Helle Sommernacht, S. 59. KW 8, S. 25.*
– *Sommerwiese, S. 60. KW 8, S. 29.*
– *Schon lichtet der Herbst den Wald, S. 61. KW 7, S. 93.*
– *Die Waldlichtung, S. 62. KW 8, S. 35.*
– *Später Herbst, S. 63. KW 8, S. 39.*
– *Nachtgewitter, S. 64. KW 8, S. 28.*
– *Lago Maggiore, S. 65-66. KW 8, S. 40.*
– *Das Nimmergewesene, S. 67. KW 8, S. 32.*
– *Das Unbekannte X (Fi). KW 2, S. 145-240.*
– *Mythos und Dichtung bei Thomas Mann (M). KW 9/1, S. 30-31.*
– *Stiller Frühlingsmorgen (G). KW 8, S. 41.*
– *Allein, nach James Joyce' ›Alone‹ (G). In: das silberboot 1/1 (Oktober 1935), S. 31. KW 8, S. 82.*

1936 Broch stellt die erste uns bekannte Fassung des Romans ›Die Verzauberung‹ im Januar in Mösern/Tirol fertig. Danach beginnt er mit der Überarbeitung des Buches. Für diese zweite Fassung, die Fragment bleibt, erwägt er den Titel ›Demeter oder die Verzauberung‹. Nach einem Zwischenaufenthalt in Wien zieht Broch Anfang Oktober um nach Altaussee (Steiermark), wo ihm das befreundete Ehepaar Geiringer sein Landhaus zur Verfügung stellt. Broch wohnt dort – mit Ausnahme der Sommermonate – bis zum März 1938.

– *Morgen (B). KW 6, S. 326-332.*
– *Widerschein vom müden Tage (G). KW 8, S. 42.*
– *Morgen am Fenster, nach T. S. Eliot ›Morning at the Window‹ (G). In: das silberboot 2/3 (Juni 1936), S. 105. KW 8, S. 84.*
– *Präludien I, II, nach T. S. Eliot ›Preludes I, II‹ (G). KW 8, S. 86.*
– *Wenn Krieg um Krieg das Leben tief beschatten ..., nach Stephen Spender ›Who live under the shadow of a war ...‹ (G). KW 8, S. 88.*
– *James Joyce und die Gegenwart (St) (überarbeitete Fassung der Rede von 1932): Wien, Reichner, 1936. KW 9/1, S. 63-91.*
– *Robert Musil – ein österreichischer Dichter? (M). In: Weihnachtskatalog der Buchhandlung Martin Flinker, Wien (Dezember 1936). KW 9/1, S. 95.*

– Die besten Bücher des Jahres (Re). In: Die Auslese. Alma-
nach der Buchhandlung Flinker, Wien (1935/36), S. 9-11.
KW 9/1, S. 382-383.
– Erwägungen zum Problem des Kulturtodes (St). In: das sil-
berboot 1/5 (Dezember 1936), S. 251-256. KW 10/1, S. 59-
66.
– Werttheoretische Bemerkungen zur Psychoanalyse (St).
KW 10/2, S. 173-194.

1937 Seit Ende 1936 zeitraubende familiäre Erbschaftsstreitigkei-
ten in Wien. Die Urfassung des Vergil-Romans, die Erzählung
›Die Heimkehr des Vergil‹ (KW 6, S. 248-259) entsteht Anfang des Jahres. Broch schreibt die antifaschistische Völkerbund-Resolution (KW 11, S. 195-231). In Zusammenarbeit
mit Hans Vlasics verfaßt er Haussprüche (KW 8, S. 97-112).

1938 Broch arbeitet an der ›Erzählung vom Tode‹, der dritten Fassung des Vergil-Romans, als er am 13. März von Nationalso-
zialisten in Altaussee verhaftet wird. Während seiner Haftzeit
in Bad Aussee, die bis zum 31. März dauert, entsteht ein weiterer Teil dieser Erzählung (MTV, S. 160-169). Im Juli erhält
Broch – nicht zuletzt durch die Hilfe von James Joyce und Stephen Hudson – ein Visum nach England. Am 24. Juli erreicht
er London. Nach einem kurzen Aufenthalt in London wohnt
Broch bis Ende September bei seinen Übersetzern, dem Ehepaar Muir in St. Andrews/Schottland. Auf Betreiben Thomas
Manns und Albert Einsteins erhält Broch ein Visum in die
USA. Am 9. Oktober kommt er in New York an.
– Alfred Polgar: Handbuch des Kritikers (Re). In: Maß und
Wert 5 (Mai/Juni 1938), S. 817-818. KW 10/1, S. 269-270.
– Nun da ich schweb im Ätherboot (G). KW 8, S. 43.

1939 Broch wohnt im April im Landhaus seines Freundes Henry
Seidel Canby in Killingworth/Connecticut. Dort und während des Aufenthalts in der Künstlerkolonie Yaddo in Sara-
toga Springs/New York (Ende Juni bis Anfang August) arbeitet er weiter an der vierten Fassung des Vergil-Romans (›Die
Heimfahrt des Vergil‹). In Yaddo lernt Broch Jean Starr Untermeyer kennen, die den Roman ins Englische übersetzt. Broch
unterstützt die von Hubertus Prinz zu Löwenstein geleitete
American Guild for German Cultural Freedom bei ihrer Hilfe
für Flüchtlinge aus Deutschland. Freundschaft mit der ameri-

kanischen Schriftstellerin Frances Colby Rogers. Wohnung
abwechselnd in Princeton und New York City.
- *Wohin gehen wir (G). KW 8, S. 44.*
- *Jeder wandert (G). KW 8, S. 45.*
- *Robert Musil und das Exil (Gu). KW 9/1, S. 96-97.*
- *Nachruf auf Richard A. Bermann (Na). KW 9/1, S. 100-103.*
- *Maurice Bergmann: Die Lage der arbeitenden Klasse in Deutschland (Gu). KW 10/1, S. 271.*
- *Politische Tätigkeit der ›American Guild for German Cultural Freedom‹ (P). KW 11, S. 399-410.*
- *Zur Diktatur der Humanität innerhalb einer totalen Demokratie (St). KW 11, S. 24-68.*
- *Vorschlag zur Gründung eines Forschungsinstitutes für politische Psychologie und zum Studium von Massenwahnerscheinungen (St). KW 12, S. 11-42.*

1940 Im März stellt Broch die vierte Fassung des Vergil-Romans fertig. Von Mitte 1940 bis Mitte 1941 erhält er ein Stipendium der Guggenheim Foundation in New York zur Arbeit an seinen beiden Romanen ›Die Verzauberung‹ und ›Der Tod des Vergil‹. Mitarbeit an einem von Giuseppe Antonio Borgese geleiteten Projekt: The City of Man. A Declaration on World Democracy (New York: The Viking Press, 1941). In der zweiten Jahreshälfte widmet er sich gemeinsam mit Viktor Polzer der Beschaffung von Visen und Affidavits für Flüchtlinge aus dem besetzten Frankreich. Von Juni bis Mitte September wohnt er in New York City, danach in Cleveland Heights/ Ohio bis Januar 1941.
- *Auf der Flucht zu denken (G). KW 8, S. 46.*
- *Während wir uns umarmten (G). KW 8, S. 47-48.*
- *Diejenigen, die im kalten Schweiß (G). KW 8, S. 49.*
- *In die Kindheit zurückerinnernd (G). KW 8, S. 50-51.*
- *Das Überlieferte (G). KW 8, S. 52.*
- *Wo suchst du hin (G). KW 8, S. 53.*
- *Der nächtliche Urwald (G). KW 8, S. 54.*
- *Isaak Eckstein: Shakespeare (Gu). KW 9/1, S. 385.*
- *›Gone with the Wind‹ und die Wiedereinführung der Sklaverei in Amerika (Re). KW 9/2, S. 237-246.*
- *Ethische Pflicht (M). In: The Saturday Review of Literature 22/26 (19.10.1940), S. 8. KW 11, S. 411-413.*

1941 Broch wohnt in New York City. Erneute Freundschaft mit
Anne Marie Meier-Graefe.
– *Autobiographie als Arbeitsprogramm (St). KW 10/2,
S. 195 ff.*
– *Entwurf für eine Theorie massenwahnartiger Erscheinungen. KW 12, S. 43-66.*
1942 Im April wird Broch ein mit tausend Dollar dotierter Preis der
American Academy of Arts and Letters in New York verliehen für die vierte Fassung des Vergil-Romans. Zur Förderung seiner Arbeit an der Massenwahntheorie (KW 12) erhält
er von Mai 1942 bis April 1943 über das Office of Public
Opinion Research in Princeton ein Stipendium, das aus Mitteln der Rockefeller Foundation finanziert wird. Das Stipendium wird bis Ende 1944 verlängert. Im Juli zieht Broch in
das Haus seines Freundes Erich von Kahler in Princeton, wo
er sechs Jahre lang bis zum Juni 1948 wohnen wird. Tod der
Mutter am 28. Oktober im Konzentrationslager Theresien-
stadt.
– *Das Vertraute (G). KW 8, S. 55.*
– *Nachruf auf Robert Musil (Na). KW 9/1, S. 98-99.*
– *Berthold Viertel: Fürchte dich nicht (Re). In: Aufbau (New
York) 7/5 u. 6 (30.1.1942 u. 6.2.1942), S. 11 u. 25. KW 9/1,
S. 385-391.*
1943 Paul Federn wird Brochs Psychoanalytiker. Massenwahn-
theorie.
– *Vom Worte aus (G). KW 8, S. 56.*
– *Zum Beispiel: Walt Whitman (G). KW 8, S. 57.*
– *Helle Mitternacht, nach Walt Whitman ›A Clear Midnight‹
(G). KW 8, S. 90.*
– *Ein Studie über Massenhysterie. Beiträge zu einer Psycholo-
gie der Politik. Vorläufiges Inhaltsverzeichnis (St). KW 12,
S. 67-97.*
1944 Am 27. Januar wird Broch amerikanischer Staatsbürger. Für
die Publikation des ›Tod des Vergil‹ erhält Brochs Verleger
Kurt Wolff ein Darlehen der Independent Aid-Stiftung in
New York.
– *Altersheimkunft (G). KW 8, S. 59.*
– *Sonett vom Altern (G). KW 8, S. 60.*
– *Das Unauffindbare (G). KW 8, S. 58.*

– *Robert Pick: The Terhoven File.(Re). In: Aufbau (N. Y.) 10/ 43 (27.10.1944), S. 9. KW 9/1, S. 391-393.*

– *Letzter Ausbruch eines Größenwahnes. Hitlers Abschieds-rede (E). In: The Saturday Review of Literature 27/43 (21.10.1944), S. 5-8. KW 6, S. 333-343.*

– *Bemerkungen zum Projekt einer ›International University‹, ihrer Notwendigkeit und ihren Möglichkeiten (St). KW 11, S. 414-425.*

1945 Von Anfang 1945 bis Mitte 1947 erhält Broch Honorarvor-schüsse bzw. Stipendien der Bollingen Foundation zur Fertig-stellung der Massenwahntheorie. ›Der Tod des Vergil‹ (KW 4) erscheint auf deutsch und auf englisch bei Pantheon Books in New York. In den USA wird der Roman stark beachtet, in Europa zunächst kaum. Im August Urlaub mit Annemarie Meier-Graefe in Provincetown/Massachusetts.

– *Bemerkungen zur Utopie einer ›International Bill of Rights and of Responsibilities‹ (St). KW 11, S. 243-276.*

– *An die Phantasie. Für Thomas Mann (G). KW 8, S. 61.*

– *Vom Schöpferischen (G). KW 8, S. 62.*

– *Vergilsche Landschaft (G). KW 8, S. 63.*

– *Rundfunkansprache an das deutsche Volk (A). KW 11, S. 239-241.*

– *Hanns Sachs: Freud, Master and Friend (Re). In: Aufbau (N. Y.) 11/1 (5.1.1945), S. 7. KW 10/1, S. 273-274.*

– *Die mythische Erbschaft der Dichtung (St). In: Neue Rund-schau. Sonderband zu Thomas Manns 70. Geburtstag am 6.6.1945, S. 68-75. KW 9/2, S. 202-211.*

1946 Hilfeleistungen für Freunde und Bekannte in Österreich und Deutschland. Arbeit an der Massenwahntheorie (KW 12).

– *Echosinn (G). KW 8, S. 64-65.*

– *Der Urgefährte (G). KW 8, S. 66.*

– *Jean-Paul Sartre: L'Être et le Néant (Gu). KW 10/1, S. 275-278.*

– *Einige Bemerkungen zur Philosophie und Technik des Übersetzens (V). KW 9/2, S. 61-86.*

– *Philosophische Aufgaben einer Internationalen Akademie (St). KW 10/1, S. 67-112.*

– *Bemerkungen zu einem ›Appeal‹ zugunsten des deutschen Volkes (P). KW 11, S. 428-448.*

1947 Im April vierwöchiger Aufenthalt im Princeton Hospital wegen eines gebrochenen Armes.
– *Dantes Schatten (G). KW 8, S. 67.*
– *Nacht-Terzinen (G). KW 8, S. 68.*
– *Milder Herbstmorgen (G). KW 8, S. 69.*
– *Weil das Gestern wir im Heute (G). KW 8, S. 70.*
– *Mozart-Vierhändigspielen, nach Jean Starr Untermeyers ›Duets at the MacDowell Colony‹ (G). KW 8, S. 92.*
– *Rede über Viertel (V). In: Plan 2/5 (1947), S. 297-301. KW 9/1, S. 104-110.*
– *Mythos und Altersstil (St). In: Rachel Bespaloff: On the Iliad (New York: Pantheon Books, 1947), S. 9-33. KW 9/2, S. 212-232.*
– *George Saiko: Auf dem Floß (Gu). KW 9/1, S. 393.*
– *Ernst Kaiser. Die Geschichte eines Mordes (Gu). KW 9/1, S. 394-398.*
– *Ernst Bloch: Das Prinzip Hoffnung (Gu). KW 10/1, S. 279-280.*
– *Bemerkungen zu Karl Kerényis Schrift ›Der göttliche Arzt‹ (Gu). KW 10/1, S. 281-284.*
– *Die Zweiteilung der Welt (St). KW 11, S. 278-337.*
– *Strategischer Imperialismus (St). KW 11, S. 339-362.*
– *Paul Reiwald: Vom Geist der Massen (Re). In: American Journal of International Law 41/1 (Jan. 1947), S. 358-359. KW 13/3, S. 102-103.*
1948 Hüftbruch am 17. Juni. Aufenthalt im Princeton Hospital bis zum 6. April 1949. Arbeit an der Studie ›Hofmannsthal und seine Zeit‹ (KW 9/1, S. 111-275). Erkenntnistheorie.
– *Über syntaktische und kognitive Einheiten (St). KW 10/2, S. 246-299.*
– *Die Generationen (G). KW 8, S. 71.*
– *Kurt H. Wolff: Vorgang (Gu). KW 9/1, S. 398-401.*
– *Friedrich Torberg: Hier bin ich, mein Vater (Re). In: Aufbau (N. Y.) 14/27 (2.7.1948), S. 11-12. KW 9/1, S. 401-402.*
– *Erklärung zu Frank Thiess (M). In: Aufbau (N. Y.) 14/42 (15.10.1948), S. 9. KW 9/1, S. 403.*
– *Julie Braun-Vogelstein: Geist und Gestalt der abendländischen Kunst (Gu). KW 10/1, S. 285-291.*

1949 Nach der Entlassung aus dem Princeton Hospital zieht Broch
– nach kurzem Zwischenaufenthalt in New York – um nach
New Haven/Connecticut, wo er die Monate Mai bis September als Fellow am Saybrook College der Yale University verbringt. Anschließend mietet er ein Zimmer im Hotel Duncan
in New Haven. Seit Juni arbeitet er an dem neuen Roman ›Die
Schuldlosen‹ (KW 5). Von Mitte Dezember 1949 bis zu seinem Tod wohnt er im Haus 78 Lake Place in New Haven.
Am 5. Dezember heiratet er in zweiter Ehe Annemarie Meier-Graefe.

– *Werner Richter: Frankreich. Von Gambetta zu Clemenceau
(Re). In: Schweizer Rundschau 48 (März 1949), S. 1031-
1033. KW 10/1, S. 292-297.*

– *H. G. Adler: Theresienstadt (Gu). KW 9/1, S. 404-405.*

– *Elisabeth Langgässer: Das unauslöschliche Siegel (Re). In:
Literarische Revue 4 (1949), S. 56-59. KW 9/1, S. 405-411.*

– *Geschichte als moralische Anthropologie. Erich Kahlers
›Scienza Nuova‹ (St). In: Hamburger Akademische Rundschau 3/6 (1949), S. 406-416. KW 10/1, S. 298-311.*

– *Die Demokratie im Zeitalter der Versklavung (St). KW 11,
S. 110-190.*

1950 Seit dem ersten Juli ist Broch Lektor an der Deutschen Abteilung der Yale University. Der Österreichische P.E.N.-Club nominiert Broch für den Nobel-Preis. Die Deutsche Akademie
für Sprache und Dichtung in Darmstadt bietet ihm die Mitgliedschaft an. Melvin J. Lasky lädt Broch ein zum Kongreß
für kulturelle Freiheit in Berlin. Im Dezember erscheinen ›Die
Schuldlosen‹.

– *Hugo von Hofmannsthals Prosaschriften (St). KW 9/1,
S. 300-332.*

– *Vom Altern (G). In: Frank Thiess. Werk und Dichter.
32 Beiträge zur Problematik unserer Zeit. Hrsg. v. Rolf Italiaander (Hamburg: Wolfgang Krüger, 1950), S. 9. KW 8,
S. 72.*

– *Einige Bemerkungen zum Problem des Kitsches (V). KW
9/2, S. 158-173.*

– *Charles E. Butler: Follow Me Ever (Gu). KW 9/1, S. 412-
418.*

– *Abschiedsworte für Jacques Schiffrin (Na). KW 9/1, S. 419-
420.*

– *Der Schriftsteller in der gegenwärtigen Situation (I). KW 9/2, S. 249-262.*

– *Trotzdem: Humane Politik. Verwirklichung einer Utopie (St). In: Neue Rundschau 61/1 (1950), S. 1-31. KW 11, S. 364-396.*

– *Die Intellektuellen und der Kampf um die Menschenrechte (P). KW 11. S. 453-458.*

– *Der Intellektuelle im Ost-West-Konflikt (I). KW 11, S. 460-492.*

1951 In die ersten Monate des Jahres fällt die intensive Arbeit an der dritten Fassung des Romans ›Die Verzauberung‹, für die er den Titel ›Demeter‹ erwägt. Diese Fassung bleibt Fragment. Kurz vor der geplanten Reise nach Europa stirbt Broch am 30. Mai durch einen Herzschlag. Die Urne mit seiner Asche wird beigesetzt auf dem Union District Cemetery in Killingworth/Connecticut.

Namenverzeichnis